JN025631

杉本敏夫 監修
最新・はじめて学ぶ社会福祉

ソーシャルワークの基盤と専門職I（基礎）

立花直樹・小口将典・竹下 徹・九十九綾子・汲田千賀子
編著

ミネルヴァ書房

シリーズ刊行によせて

　この度，新たに「最新・はじめて学ぶ社会福祉」のシリーズが刊行されることになった。このシリーズは，もともと1998年に，当時岡山県立大学の教授であった故大島侑先生が監修されて「シリーズ・はじめて学ぶ社会福祉」として始まったものであった。当時，現監修者の杉本も岡山県立大学に勤務しており，一部の執筆と編集を担当した。そのような縁があって，その後，杉本が監修を引き継ぎ，2015年に「新・はじめて学ぶ社会福祉」のシリーズを刊行していただいた。

　この度の新シリーズ刊行は，これまでの取り組みをベースに，ちょうど社会福祉士の新しく改正されたカリキュラムが始まることに対応して新しいシラバスにも配慮しつつ，これからの社会福祉について学べるように改訂し，内容の充実を図るものである。また，これまでのシリーズは社会福祉概論や老人福祉論といった社会福祉の中核に焦点を当てた構成をしていたが，今回のシリーズにおいては，いままで以上に社会福祉士の養成を意識して，社会学や心理学，社会福祉調査等の科目もシリーズに加えて充実を図っているのが特徴である。

　なお，これまでの本シリーズの特徴は，①初心者にもわかりやすく社会福祉を説明する，②社会福祉士，精神保健福祉士，介護福祉士，保育士等の養成テキストとして活用できる，③専門職養成の教科書にとどまらないで社会福祉の本質を追究する，ということであった。この新しいシリーズでも，これらの特徴を継続することを各編集者にはお願いをしているので，これから社会福祉を学ぼうとしている人びとや学生は，そのような視点で社会福祉を学べるものと思う。

　21世紀になり，社会福祉も「地域包括」や「自助，互助，共助，公助」と

i

いった考え方をベースにして展開が図られてきた。そのような流れの中で，社会福祉士や精神保健福祉士もソーシャルワーカーとしての働きを模索，展開してきたように思うし，ソーシャルワーカー養成も紆余曲折を経ながら今日に至ってきた。複雑多様化する生活問題の解決を，社会がソーシャルワーカーに期待する側面もますます強くなってきている。さらには，社会福祉の専門職である保育士や介護福祉士がソーシャルワークの視点をもって支援や援助を行い，社会福祉士や精神保健福祉士と連携や協働が必要な場面が増加している。それと同時に，社会福祉士や精神保健福祉士としての仕事を遂行するのに必要な知識や技術も複雑，高度化してきている。社会福祉士の養成教育の高度化が求められるのも当然である。

　このまえがきを執筆しているのは，2021年1月である。世の中は新型コロナが蔓延しているまっただ中にある。新型コロナは人びとの生活を直撃して，生活の困難が拡大している。生活の困難に対応する制度が社会福祉の制度であり，それを中心となって担うのが社会福祉の専門職である。各専門職がどのような役割を果たすのかが問われているように思う。

　新型コロナはいずれ終息するであろう。その時に，我々の社会や生活はどのような形になるのであろうか。人びとの意識はどのように変化しているのであろうか。また，そのような時代に社会福祉の専門職にはどのようなことが期待されるのであろうか。まだまだよくわからないのが本当であろうが，我々は社会福祉の立場でこれらをよく考えておくことも重要ではないかと思われる。

2021年1月

監修者　杉本敏夫

目　　次

第Ⅰ部　ソーシャルワーカーという専門職

第Ⅲ部　ソーシャルワークが拠り所とする考え方

プロローグ

ソーシャルワークの基盤と専門職を学ぶ意義

（1）ソーシャルワークの萌芽

　19世紀のイギリスにおけるキリスト教会の信者ボランティアによるスラム地区に対する慈善活動では，計画作成や確認調査もないままに活動が進められた。濫救^{らんきゅう}（必要以上の過分な救済や援助が行われる）や漏救^{ろうきゅう}（必要な人々に救済や援助が行き届かない）等の不平等が起こり，スラムにおける貧困家庭の自立や貧困生活からの脱却の援助につながっていないケースが多かった。そのなかで，ヒル（O. Hill）（ケースワークの祖母）は，スラム街の住宅を購入し改修したうえで貧困家庭へ貸与し，それとともに職業を紹介し，自立支援をはじめた。

　その後，濫救や漏救を改善するために，教会独自の裁量でボランティアが貧困家庭に援助物資を届ける方法から，**慈善組織協会（COS）**の設立により，一定のトレーニングを受けた友愛訪問員が"Face to Face（顔と顔を合わせ表情や体調を確認しニーズを把握する）"と"Mind upon Mind（貧困者の立場に寄り添い，親身になって相談に応じる）"をスローガンにして行う友愛訪問活動に改めた。

　当時，世界の最先進国であったイギリスのケースワークの活動や実践は諸外国にも広がり，20世紀初頭にはアメリカで友愛訪問員（貧困地域の家庭に援助物資を届けたりニーズ把握を行ったりしていた）をしていたリッチモンド（M. Richmond）（ケースワークの母）が，科学的かつ専門的な実践として理論化するために，著書『ソーシャル・ケースワークとは何か（*What is social case work?*）』のなかで，「ソーシャル・ケースワークは，人間とその社会的環境との間に，個別的に，効果を意識して行う調整によって，その人間の人格を発達させる諸過程からなる」と定義し，世界各国にソーシャル・ケースワーク（略してケース

ワーク）を広めた。

（2）ソーシャルワークの基盤と定義

　アメリカのハミルトン（A. G. Hamilton）やトール（C. Towle）は，経験や直感を重視してきた福祉援助やケースワークに「科学的根拠・専門的対応・理論的体系」の導入を推進し，"HEAD（冷静な頭脳＝知識）" "HAND（優れた技能：技術）" "HEART（情熱ある心：価値観・倫理観）" という３Ｈの一定以上の修得（質の担保）を専門職の必須条件とした。[2]　特に，HEART では，多数存在する専門職が価値基準や倫理基準を統一することが求められ，HEART の可視化は，客観的な言語化を伴う "専門職の社会に対する誓い" として，各専門職が倫理綱領（専門的活動の定義）を作成していく契機となっていった。

　ソーシャルワーク領域においては，1956年に創設された国際ソーシャルワーカー連盟（IFSW：International Federation of Social Workers）が，1982年に欧米諸国中心の価値観を重視した内容で「ソーシャルワークの定義」を策定した。その後，時代のニーズと情勢の変化のなかで，IFSW は，2000年のモントリオール総会で「ソーシャルワークの定義」を改訂し，[3] 2014年のメルボルン総会では「ソーシャルワーク専門職のグローバル定義」として再改訂した。[4] 特に2014年の改訂では，「多様性の尊重」「人権の重視」に重きを置いた改訂となった。

　日本においては，多くの研究者がアメリカのケースワークを紹介するにとどまっていたが，アメリカの大学院でケースワークを学修してきた竹内愛二（日本ソーシャルワーカー協会・初代会長）が，著書『ケース・ウォークの理論と実際』でケースワークの科学的視座と専門性と実践の重要性を広め，ケースワークの理論と実践方法を日本の社会福祉実践に導入した。[5][6] 日本においては，竹内の設立した日本ソーシャルワーカー協会は，IFSW が採択した「ソーシャルワークの定義」の日本語訳を中心的に担った。その定義をもとに，「社会福祉士の倫理綱領」（1995年制定，2020最終改訂）や「精神保健福祉士の倫理綱領」（1988年制定，2018年最終改訂）[7] が策定・改訂されている。

　これまで，時代のニーズと情勢の変化はもちろんのこと，「ソーシャルワークの定義」や「倫理綱領」の改訂を踏まえ，社会福祉士や精神保健福祉のカリ

キュラムが改正されてきた。近年の「介護・福祉ニーズの多様化・高度化をふまえ，人材の確保・資質の向上を図ること」を目的として，2009（平成21）年度の入学生から社会福祉士の新カリキュラムがスタートし，「取り巻く環境の変化をふまえ，より実践力の高い精神保健福祉士を養成すること」を目的として，2012（平成24）年度の入学生から精神保健福祉士の新カリキュラムがスタートした。さらに「ソーシャルワーク専門職のグローバル定義」を踏まえ，社会福祉士と精神保健福祉士のカリキュラムが改正され，2021（令和3）年度の入学生より，新カリキュラムがスタートした。

（3）ソーシャルワーカーの存在意義と役割

　社会福祉士・精神保健福祉士の抜本的なカリキュラム改正が行われた2009（平成21）年以降，国内に目を向ければ，東日本大震災や原発事故が発生し，熊本地震や北海道胆振東部地震，各地で豪雨による浸水被害や土砂災害，突風被害などの自然災害が頻発した。SOGI（LGBTIQ 等を含む）などのジェンダー問題が広く認知され，少産化による人口減少の一方で社会システムを維持するために外国人労働者の流入が急増した。社会におけるヘイトスピーチをはじめ児童・高齢・障害の分野における虐待や教育機関におけるいじめ，家庭におけるDV（ドメスティック・バイオレンス）が右肩上がりで急増し，パワハラ・セクハラなどのハラスメント問題が社会化された。闇サイトや SNS を介した犯罪は後を絶たず，障害者施設での殺傷事件や無差別通り魔・放火事件なども発生している。海外に目を向ければ，火山の噴火や大地震・豪雨等による自然災害が頻発し，各国の政府や企業に対するサイバー攻撃が激化している。イスラム国等の過激派による拘束事件が多発し，タイ・ミャンマー・香港などで民主化運動が弾圧され，新疆ウイグル自治区やミャンマー等で少数民族や先住民族に対する人種差別や人権侵害が横行した。マラリア・エボラ出血熱・新型インフルエンザ・新型コロナウイルス等の感染拡大により多くの人類が苦しめられた。アフガニスタン・シリア・イラク等の中東諸国をはじめナイジェリア・ソマリア・南アフリカなどのアフリカ諸国などで内戦が勃発した。2022年2月からはロシアによるウクライナへの軍事侵攻がはじまり，多くの殺戮や虐殺（ジェノ

サイド）が行われ，罪のない民間人が犠牲となった。

2014年に採択された「ソーシャルワーク専門職のグローバル定義」では，"人間の尊厳" と "社会正義" に加え，"人権" "集団的責任" "多様性の尊重" "全人的存在" がより重視され，「原理」に規定する「人間の尊厳」の項目であげている例示に，民族，国籍，性自認，性的指向が追加されている[8]。つまり，多様性や人権を尊重するということは，よりグローバルな視点や意識をもって対話や相手理解を試みるなかでの「人間関係の調整」「人と環境の調整」が必要とされており，まさしくソーシャルワーカーの活躍がより求められている状況となっている。

（4）ソーシャルワーカーに対する希求

国連総会で2015年に採択された **SDGs**（Sustainable Development Goals：持続可能な開発目標）では，「持続可能な開発のための2030アジェンダ」が世界共通の17の目標・169のターゲットから構成され，2030年までに世界中の人々が力を合わせて「誰一人取り残さない持続可能な開発目標（leave no one behind）」が普遍的（ユニバーサル）な達成目標として記載されている[9]。しかし，SDGs では「誰一人取り残さない」と謳いながら，能力強化（empowerment）については女性や若者（児童）を中心とした記述が多く，少数民族・先住民族・障害者・性的少数者などが，主体的に "持続可能な開発の実現" に対して貢献することへの希求は，ごくわずかな部分にのみ記述されているだけである[10]。このことは，マジョリティ（健常者，主流派・多数派など）が主導的に，自分たちの価値観を土台に目標や指針を策定したことの証拠ともいえる。「誰一人取り残さないこと」を題目にして，差別や格差，不平等・不公平をなくそうとすることは強者の理論や取り組みであり，マイナスに傾いた針を基点に戻すことでしかない。

単なる「持続可能な開発目標」ではなく，女性や若者（児童）はもちろん，少数民族・先住民族・障害者・性的少数者なども含めたすべての民族・世代や立場の人々が，互いの文化や言語や習慣や特性を理解し交流し共生することができる「持続可能な開発・交流・共生の実現目標」とならなければならない[11]。その中核に立ち，調整や橋渡しを行うことが，社会福祉士や精神保健福祉士な

4

どのソーシャルワーカーに期待されているのではないだろうか。

　IFSW は,「ソーシャルワーク専門職のグローバル定義」を採択し, ソーシャルワーカーの中核任務について「人種・階級・言語・宗教・ジェンダー・障がい・文化・性的指向などに基づく抑圧や, 特権の構造的原因の探求を通して批判的意識を養うこと, そして構造的・個人的障壁の問題に取り組む行動戦略を立てることは, 人々のエンパワメントと解放をめざす実践の中核をなす」と定義している。つまり, 国境を越えて民族が移動し交わり, ときには衝突する世界各国・地域では, 人種・階級・言語・宗教・ジェンダー・障害・文化・性的指向などに基づく抑圧や偏見・差別等を乗り越え, 多様な価値を受け入れ認め合うことが根底に必要となるため, ボーダレス社会における「グローバル定義」を採択したのである。

　"承前啓後" という言葉があるように, 先達から受け継いできた意志や知識・技術を受け継ぎ, 新たな改良を加えて革新していくことは, 現代に生きる私たちの重要な使命である。「ソーシャルワーク専門職のグローバル定義」では, 多様な価値を受け入れ, 持続可能な交流・共生の社会を実現することが求められており, 先達から継承された "ソーシャルワーク魂の革新 (昇華)" ともいえる。

　日本国内のみならず世界各国・地域で, "人間関係" や "人と環境の関係性" に不具合が起き, これまでの社会の枠組みや制度では対応しきれない状況となっている。本書を手に取ったソーシャルワークの専門職やソーシャルワーカーを目指す学生には, 何かを感じ, 立ち止まったり歩んだりしながら,「ソーシャルワーク専門職のグローバル定義」や SDGs と照らし合わせ, 自分自身に何ができるのか模索・検討・決意してもらいたい。そして, ソーシャルワーク専門職として先頭に立ち, 社会の意識や価値を変化させていくために, 実践を続けてもらいたい。

　なお, 社会福祉士および精神保健福祉士の共通科目として「ソーシャルワークの基盤と専門職」が2021 (令和3) 年度入学生より新設された。社会福祉士および精神保健福祉士を目指す学生や受験生にとって, 初めて本格的にソーシャルワークを学ぶ科目が「ソーシャルワークの基盤と専門職」である。

「ソーシャルワークの基盤と専門職」は学修内容が多く，複数の養成校で，その重要性や1年次からの学修に鑑み「ソーシャルワークの基盤と専門職Ⅰ」という科目を設定している。そのことに対応して，本書は『ソーシャルワークの基盤と専門職Ⅰ（基礎）』として編集することにした。ソーシャルワーカーを目指すにあたり，続編である『ソーシャルワークの基盤と専門職Ⅱ（専門）』とあわせて熟読のうえ，豊富な演習課題に取り組み，実践的な視点や専門性を養っていただきたい。

注
⑴　M. E. Richmond（1922）*What is social case work?: An Introductory Description*, Russell Sage Foundation, pp.98-99.
⑵　明柴聰史（2022）「児童の人権擁護」立花直樹・渡邊慶一・中村明美・鈴木晴子編著『児童・家庭福祉――子どもと家庭の最善の利益』ミネルヴァ書房，36頁。
⑶　立花直樹（2008）「コミュニケーションの基礎」『社会福祉援助技術』晃洋書房，40頁。
⑷　立花直樹（2015）「相談援助や相談支援を行う前に」立花直樹・安田誠人・波田埜英治編『保育の質を高める相談援助・相談支援』晃洋書房，34頁。
⑸　石塚翔平（2010）「竹内愛二の社会事業における科学性――『ケース・ウォークの理論と実際』を通して」『道北福祉』1，19頁。
⑹　三島亜紀子（2007）『社会福祉学の〈科学〉性――ソーシャルワーカーは専門職か？』勁草書房，29～30頁。
⑺　精神保健福祉士は，1997年より認定がはじまり1999年より第1回国家試験がスタートした。しかし，それ以前より“日本精神医学ソーシャル・ワーカー”として専門業務を行っていたため，「日本精神医学ソーシャル・ワーカー協会」が1988年6月に最初の倫理綱領を策定し，その後に精神保健福祉士が継承していった。
⑻　日本精神保健福祉士協会（2020）「倫理綱領」（https://www.jamhsw.or.jp/syokai/rinri.htm　2022年4月1日閲覧）。
⑼　外務省（2016）「持続可能な開発目標 SDGs とは」（https://www.mofa.go.jp/mofaj/gaiko/oda/sdgs/about/index.html　2022年4月1日閲覧）。
⑽　松岡広路（2019）「出会いと葛藤から生まれる新しい価値・文化・ライフスタイル」『第25回北海道大会　報告要旨集』50～55頁。
⑾　立花直樹（2021）「国際化と多様性支援の現状と諸課題」立花直樹・波田埜英治・家髙将明編著『社会福祉――原理と政策』ミネルヴァ書房，214頁。

⑿　日本社会福祉教育学校連盟・社会福祉専門職団体協議会（2014）「ソーシャル
　　ワーク専門職のグローバル定義（日本語版）」(http://www.jassw.jp/topics/pdf/
　　14070301.pdf　2022年4月1日閲覧)。
⒀　⑾と同じ。

キーワード一覧表

☐　**慈善組織協会（COS）**　COS は Charity Organization Society（慈善組織協会）
　の略称である。各教会が恣意的で無差別に行う"私的救済（屋外救援物資の
　配布）"により濫救や漏救が頻発した。それらの弊害を防止し，適切な管理
　と援助を行うことを目的に，1869年にイギリスで設立された団体である。　1

☐　**IFSW（アイエフエスダブリュー）**　International Federation of Social Workers
　（国際ソーシャルワーカー連盟）の略称で，世界各国・地域のソーシャル
　ワーカーの国際的な連絡・連携・調整の中核を担う組織である。　　　　2

☐　**SOGI（ソジ）**　Sexual Orientation & Gender Identity の略称で，「性的指向と
　性自認」を意味する。性には性的指向と性自認があり，LGB（レズビアン，
　ゲイ，バイセクシュアル）は性的指向に関連し，TIQ（トランスジェンダー，
　インターセックス，クエスチョニング）は性自認に関連するカテゴリーであ
　り，様相や立場が異なる。そのため，国際的に人権を考える際に，個々の立
　場に配慮し LGBTIQ よりも SOGI が使用されるようになった。　　　　3

☐　**LGBTIQ（エルジービーティーアイキュー）**　Lesbian（レズビアン：女性の同
　性愛），Gay（ゲイ：男性の同性愛），Bisexual（バイセクシュアル：両性愛）
　の3つの性的指向と，Transgender（トランスジェンダー：性同一性障害や
　体と心の性不適合），Intersex（インターセックス：男女両方の性を兼ね備
　えている），Questioning（クエスチョニング：性自認がはっきりしていない，
　男女いずれの性のカテゴライズにも属さない）という性自認の各単語の頭文
　字を組み合わせた略語表現である。　　　　　　　　　　　　　　　　3

☐　**SDGs（エスディージーズ）**　Sustainable Development Goals（持続可能な開
　発目標）の略称である。国連総会で2015年に採択され，世界共通の17の目
　標・169のターゲットから「持続可能な開発のための2030アジェンダ」が構
　成され，2030年までに世界中の人々が力を合わせて「誰一人取り残さない持
　続可能な開発目標（leave no one behind）」が普遍的（ユニバーサル）な達
　成目標として記載された。　　　　　　　　　　　　　　　　　　　　4

第Ⅰ部

ソーシャルワーカーという専門職

第1章

人々の暮らしとソーシャルワーク

　私たちの暮らしを思い浮かべてみよう。生まれて，どんな幼少期を過ごした
だろうか。それから小学校，中学校へと進み，高校やその後の進学等をするこ
とが多いだろう。仕事をしたり，けがをすることも，けがによって仕事を休ん
だり，失業することもあるかもしれない。高齢になると病気や介護が必要な状
況になることもあるだろう。

　さまざまな問題には，自分や家族だけでは解決できないこともあるかもしれ
ない。そんなときに相談する場所があり，また年金や医療費を支給される制度
など，支援の仕組みが紹介されたらどうだろうか。困ったり悩んだときに相談
する先の1つとして，また社会全体がよくなるよう，ソーシャルワーカーは仕
事をしていく。

　まず，社会福祉の対象や支援策について知る前に，本章では現代はどんな社
会なのか，現代社会のさまざまな問題について知ることからはじめよう。

ミニワーク
　まず，よくある問題について考えてみましょう。わからなくてもよいので，考え
てイメージすることが重要です。

- 仕事に行く途中，突然交通事故に遭い，しばらく入院することになりました。ど
んなことに困るでしょうか。
- 仕事をしている先（職場）が倒産し，収入がなくなりました。その人は今後生活
するためにどんな制度を使うとよいでしょうか。

1　現代社会の課題

　さて，ミニワークを通して，自分だったらどんなことに困るか，困った人を支えるにはどのような制度や機関があるのかについてイメージできただろうか。

　病気やけがは，それ自体の問題だけでなく，心理的な喪失感（できないことが増えるなどによる）を生んだり，仕事に行けなくなることで収入が減ったりといった，さまざまな影響を及ぼす可能性がある。これらの人と状況（環境）双方に目を向けるのがソーシャルワークの重要な視点である。ソーシャルワークでは人だけでなく，社会にも目を向けていく。これからあげる一つひとつの問題から，どのような問題が一人ひとりに起こるのか，その際どのような支援が必要か考えながら学んでみよう。

（1）人口減少社会

　わが国の人口は減少傾向にあるといわれている。国の人口が減ることにより，何が問題となるか，ということに目を向けてみよう。

　たとえば，あなたが洋服屋さんでアルバイトをしているとしよう。人口が減少すると，働く人も少なくなる。お客さんが減り，売上は少なくなり，給料も減ることが多くなるだろう。大きな視点で見ると日本全体でこのようなことが起きると考えてみてほしい。どこの職場も働く人が足りない，お客さんが少ないとなると，国全体の経済状況も悪くなるだろう。

（2）少子高齢化社会

　高齢者とは一般的に65歳以上とされることが多いが，高齢者が人口の多くの割合を占めていることにはどのような問題があるだろうか。この背景には出生数の低下による高齢者の割合の増加や，高齢者の平均寿命の伸長がある。高齢者になると介護が必要となったり病気をするリスクが高くなる。そのため，医療費や介護費用が多くかかることになり，介護する人材（介護の専門職）も多く必要となる。しかし，わが国では少子化も同時に進んでいる。出生数が少な

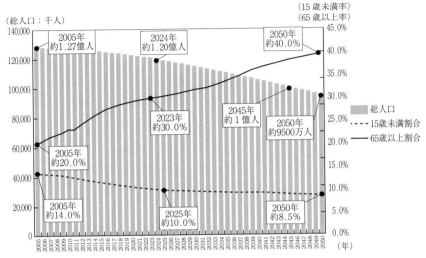

図1-1　将来の総人口，少子高齢化率の推移

資料：2005～2009年は総務省「人口推計」，2010～2050年は国立社会保障・人口問題研究所「日本の将来推計人口」（中位推計）。

出所：国土交通省「将来の総人口，少子高齢化率の推移」（https://www.mlit.go.jp/common/000121790.pdf　2020年4月18日閲覧）。

く，子どもが増えていかないなかでは人口減少社会が続き，増えていく高齢者を支えるほどの人材も経済も余裕がない。高齢者が多く，支える若者が少ない少子高齢化の現状は，社会保障の問題であり，人材不足の問題でもある。

（3）8050問題

「8050問題」に明確な定義はないが，近年，福祉専門職の間ではよく使われている言葉である。80歳代の高齢者と50歳代の無職等の子どもが同居している状況というのがイメージされている。この状況にはどのような問題があるだろうか。まず，80歳代の高齢者は，認知症になっていたり，介護が必要な状況があったりする。そして収入も年金収入のみという場合が多く，余裕がある状況は多くない。その状況に対して50歳代の子どもが働いておらず家にいるという状況になると，収入面でも厳しく，また50歳代の子どもはうまく働くことができない何らかの不安を抱えている場合が多い。1つの世帯でこのような2人の

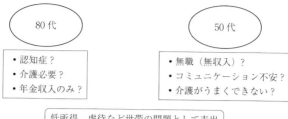

図1-2　8050問題

出所：筆者作成。

対象者がいること，また世帯として見て支援が必要という状況がこの言葉の背景にはある。

（4）社会的孤立

　孤立した状況というとどのようなイメージをもつだろうか。孤立死している高齢者，人とのつながりがない状況をイメージするかもしれない。孤立している背景には，たとえば精神的な病気があり，不安が強く，少し大きな声を出してしまったり，依存症により飲酒がやめられないなどの状況で近所や家族と疎遠になってしまっていたりしていることがある。また，ごみ屋敷といわれる状況になっていて，近所の人から距離をとられていたり，認知症により人との付き合いが難しくなっている場合もある。このような状況は，困ったことや不安を相談する相手がいない，また困っていても周囲から発見されるのが遅くなるなどの危険性が高い。つまり，これらの状況にある人は，支援が必要な状況でも制度につながりにくく，問題が置き去りにされる傾向にある。そのため，ソーシャルワーカーは，相談に来るのを待っているという「待ちの姿勢」ではなく「アウトリーチ」という積極的な関わりが必要とされている。

（5）自　殺

　わが国の自殺者は年間約2万人とされている。また男性の自殺率は女性の2倍である。自殺をしてしまう人はどのような状況やどのような悩み，不安を抱えているのだろうか。近年の経済状況やコロナ禍という状況も影響しているか

〇令和2年の自殺者数は21,081人となり，対前年比912人（約4.5％）増。

〇男女別にみると，男性は11年連続の減少，女性は2年ぶりの増加となっている。

　また，男性の自殺者数は，女性の約2.0倍となっている。

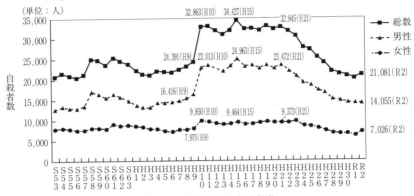

図1-3　自殺者数の年次推移

資料：警察庁自殺統計原票データより厚生労働省作成。

出所：厚生労働省自殺対策推進室・警察庁生活安全局生活安全企画課（2022）「令和2年中における自殺の状況」（https://www.mhlw.go.jp/content/R2kakutei-01.pdf　2022年4月18日閲覧）。

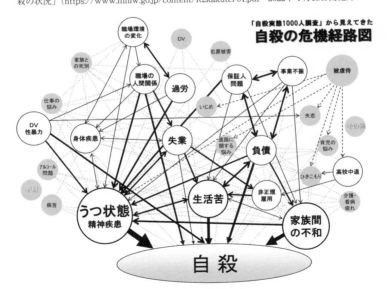

図1-4　自殺の危機経路

出所：ライフリンク（2013）「自殺の危機経路」『自殺実態白書2013』（https://lifelink.or.jp/Library/whitepaper2013_1.pdf　2022年7月12日閲覧）。

もしれない。

　自死遺族等への調査からわかった自殺への経路を見てみよう。図1−4によると自殺につながる経路は最終的にはうつ病や生活苦という精神的な病気や経済的な問題になっているが，はじめは職場の人間関係や環境変化，介護など，誰にでも起こり得る問題もある。これらの状況に対して，ソーシャルワーカーはどのように関わることができるだろうか。

（6）虐　待

　虐待というとどのようなことをイメージするだろうか。身体的な暴力のみをイメージするかもしれないが，たとえば高齢者虐待では，身体的虐待，介護・世話の放棄・放任，心理的虐待，性的虐待，経済的虐待が，「高齢者虐待の防止，高齢者の養護者に対する支援等に関する法律」（高齢者虐待防止法）で定義されている。児童や障害がある人への虐待防止法もある。

　たとえば，高齢者が家族から虐待された場合で考えてみよう。介護をする知識や体力がなく介護を放任してしまったり，自分の仕事がなかなか決まらず親の年金を使いすぎる，介護疲れから暴力につながるなど状況はさまざまである。虐待した人を責めるのではなく，虐待する側の困り事は何か，必要な支援とは何か，という視点も含め，世帯全体のアセスメントが必要である。

　虐待の通報件数はどの分野においても増加傾向にあるが，それは虐待が増えているという見方と同時に，虐待が認知され，通報が増えているという見方もできる。みなさんが介護の仕事をしていて，訪問した際に利用者にけががあったら少し気になるのではないだろうか。福祉専門職は虐待の発見をする可能性が高い仕事である。クライエントの様子の変化やけが，経済的な状況などから虐待に早めに気づき対応することが求められている。

（7）新型コロナウイルス感染症

　2020（令和2）年より新型コロナウイルスがまん延した。その疾患への対応は当然のことながら，緊急事態宣言等の国の方針により私たちの生活には大きな影響があった。ここではどのように生活に影響したのか，疾患以外の生活課

収　入	家　計	心　理
• 子どもの学校が休校で仕事ができない • 自営業の売上減少 • シフト減や休業，残業減による給与減	• 休校による支出増（食費・教材費） • 収入減による生活費の切り詰め • 家賃や光熱費，電話代の滞納	• 休校による家事の負担 • いつまで続くかわからない不安 • 仕事（役割）がなくなり，閉じこもっている不安 • 家族関係の不和（虐待等含）

図1-5　新型コロナウイルスによる生活への影響

出所：筆者作成。

題の観点から考えてみよう。

　1つの感染症から，多くの人の生活が変わった。学校の休校や，収入の減少，外出ができないなど，心理的な負担も増えている（図1-5）。

　ソーシャルワークでは，**マクロ，エクソ，メゾ，ミクロ**という4つの視点を重視しており，マクロ（政策レベル：国から出された緊急事態宣言やまん延防止等重点措置など）から影響し，ミクロ（個人レベル：失業する，休業するなど）の生活の変化につながるといった見方をしていく。

　社会的な問題が心理的な問題に影響を与えるなど，**バイオ・サイコ・ソーシャルモデル**という視点から問題を見ることも必要である。たとえば社会的な不況で仕事がなくなるということが起こったとして，仕事がなくなった（ソーシャル）だけでなく，そこから気持ちも落ち込み（サイコ），気持ちが落ち込むことで体も病気になる（バイオ）など，1つの問題でもさまざまな影響があることを多角的に見ることが必要である。

（8）過疎地域とコンパクトシティ

　地域という目線で考えてみよう。人口減少の背景には過密過疎という問題も隠れている。つまり，人口全体が減っているだけでなく，人口が流出している地域と増え続けている地域があるという実情もある。過疎地域ではバス路線やスーパーマーケット等の生活に必要なインフラが廃止・閉業されていくことになり，生活に支障が出ることも考えられる。たとえば，バスで毎日の買いもの

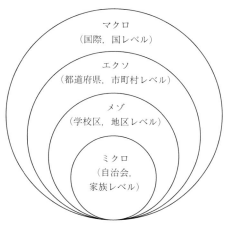

図1-6　マクロ，エクソ，メゾ，ミクロ
出所：筆者作成。

図1-7　バイオ・サイコ・ソーシャルモデル
出所：筆者作成。

に行っていた人はバス路線が廃止になったら困るだろう。国ではコンパクトシティといわれるまちの機能を中心街に集中させていく政策があるが，この影響により，今よりも不便になる地域も出てくるはずだ。地域のさまざまな状況に

より，困り事も変わってくる。ソーシャルワークではこれらの地域の状況も踏まえながら，そこに住むクライエントの生活を支援する視点をもつことが求められる。

2　ソーシャルワークと社会資源の活用

（1）公的な社会資源を中心とした支援

どのようなソーシャルワーク実践が行われ，どのような社会資源が使われているのか，ここでは実際のよくある事例から概略を見てみよう（本書で用いる事例はいずれもフィクションである）。

〈認知症の人の事例〉

　80代になる高齢者がいる。冷蔵庫に賞味期限切れの食べ物が多くあったり，同じものを何度も買ってきたりすることが増えた。それをこの高齢者の子どもが発見した。

　子どもは地域包括支援センターという高齢者の相談窓口に相談し，もの忘れ専門の医師がいることを知った。その後，もの忘れの専門医を受診し，認知症と診断された。その病院で処方された，もの忘れを遅らせる薬を飲むことになった。また介護サービスを利用するため，介護保険認定を申請した。要介護1という認定をもらい，デイサービスという高齢者が通って入浴したり運動したりする施設に通うことで，人と接したり，運動をして，認知症の進行を予防していった。

　少しずつ認知症が進行し，だんだんお金の管理も難しくなってきたので，財産管理をしてもらうため，成年後見制度という第三者に財産管理をしてもらう制度を利用した。また道に迷い帰ってこられなくなるといった状況が予測されたため，近所の人に見守りをしてもらうようにした。

〈ひきこもりの人の事例〉

　50代で仕事をしていない人がいる。その人は以前に仕事をしていたが，人間関係のトラブルで仕事を辞めて10年が経っていた。その間，少しアルバイトをした時期もあったが，長期間仕事が続いていないことで自信をなくしている。コミュニケーションに不安があるため，精神科病院を受診し，発達障害の診断を受けた。その診断があるため，障害者の日常生活及び社会生活を総合的に支援するための法律（障害者総合支援法）のサービスで発達障害の特性に合った仕事に就くための支援を受け，就労に向けて訓練をしている。

〈失業した人の事例〉

　不況により失業した30代の人がいる。失業して，雇用保険を受給（就職活動中の生活費の給付）できる予定であるが，待機期間や給付制限期間という受給までの間の期間があり，お金を受け取るまでに時間がかかる。

　就職活動をしているが，なかなか仕事が決まらない。その後，給付制限期間を終え，雇用保険を受給したが，お金を受け取ることができる受給期間が90日間で終わってしまう。

　生活福祉資金貸付制度という借入の制度も利用し当面のお金を借りたが，そのお金を使って生活をしている間も仕事が決まっていない。借金を背負った状態で所持金もなく，就職活動をするための電車代や履歴書を買うお金もなくなった。最低限の生活費もないため，**生活保護制度**の利用を申請することにした。

（2）地域レベルの支援

　地域レベルで俯瞰して見てみよう。ここまでの個別事例では，公的な社会資源を中心に活用していた。地域レベルで見るとどうだろう。山間部と都市部では，社会資源の量や質も違う。そこではどのような問題があるだろうか。

　たとえば介護保険制度で対応できないニーズがある。電球の交換やもの置きの掃除，見守りなど，高齢者の暮らしのなかには介護保険で対応できないニーズが多く見られる。その際は近隣の支え合いや家族といったインフォーマルな支援が必要とされる。またごみ屋敷の片づけなどの支援も制度ではできないことである。地域には，このように制度では対応できないニーズが多く見られる。

　これらに対して，制度ではない福祉活動，たとえば，社会福祉法人の地域公益活動や，住民のふれあいサロン，近所の支え合いなど住民やボランティア，民間法人独自の支援などが行われている。

3　ソーシャルワークの支援と視点

　前節では事例を通して，さまざまな支援の仕組みや活動があることを見てきた。しかし，制度や近隣の支援は本人の力だけで受けることができるだろうか。認知症の状況にある場合，自分で困っていることに気づくことができるだろうか。必要な病院や制度の情報を収集し，連絡することができるだろうか。

　そこで，ソーシャルワーカーが関わって，困っている本人の思いや状況をアセスメントし，制度と本人をつなぐという役割を果たすことが求められる。また個別の事例だけでなく，地域の状況をアセスメントし，住民やそこに関わる団体などの集団を支援するという役割を果たすことも求められる。

　ソーシャルワーカーは目の前の人の人権を大切にすること，そしてよりよい社会を創っていくことを目指していくという幅広い役割が期待されている。

　これらを実現するためにソーシャルワーカーが人に関わる際の重要な原則として，「本人主体」がある。問題を抱えている本人の思いを尊重するということである。**社会福祉士の倫理綱領**にも「自己決定の尊重」という文言があるが，けっして周囲の人が決めてしまって，本人の主体性を奪ってはならない。

　また「アドボカシー」といって，声を出せない，困っていることを発信することが難しいクライエントのニーズを，ソーシャルワーカーが積極的に代弁し，課題を発信することも求められている。

　社会資源にはこれまでに開発され，改良を重ねられているものも多くあるが，時代の変化や個別性によりニーズも多様になっている。対応できる社会資源がない場合は開発することもソーシャルワーカーの役割である。

　さまざまな人間がもつニーズのすべてにソーシャルワーカーが対応できるわけではない。そのため多様な視点と多様な介入が必要であり，多様な人と連携・協力し支援していくことが必要である。その支援がクライエントにとって効果的なものとなるよう連携先や社会資源をコーディネートする力もソーシャルワーカーに求められている。ソーシャルワーカーは，困っている人の声に耳を傾け，その人自身が力を発揮し，問題を解決していくことができるよう支援する。また，困っている人が少なくなる社会を創っていくために困っている人が支援を受けられる仕組みを創っていくことなども，求められている。

参考文献
厚生労働省「人口動態調査」（https://www.mhlw.go.jp/toukei/list/81-1a.html　2022年4月18日閲覧）。
厚生労働省（2022）「令和2年度『高齢者虐待の防止，高齢者の養護者に対する支援

等に関する法律』に基づく対応状況等に関する調査結果」。

厚生労働省自殺対策推進室・警察庁生活安全局生活安全企画課（2022）「令和2年中における自殺の状況」（https://www.mhlw.go.jp/content/R2kakutei-01.pdf　2022年4月18日閲覧）。

ライフリンク（2008）「自殺の危機経路」『自殺実態白書』（https://lifelink.or.jp/Library/whitepaper2_1.pdf　2022年4月18日閲覧）。

渡辺俊之・小林康永（2014）『バイオサイコソーシャルアプローチ』金剛出版。

学習課題

① 　ソーシャルワーカーが関わる社会の問題にはどのようなものがあるでしょうか。調べてみましょう。

② 　なぜ現代社会にはソーシャルワーカーが必要とされているのか，整理してみましょう。

キーワード一覧表

☐ 　**アウトリーチ**　支援が必要な人に対して，待ちの姿勢ではなく積極的に関わっていくこと。特に相談窓口で待っているのではなく，訪問して困っていることを聴いていくことを指す場合もある。　　　　　13

☐ 　**マクロ，エクソ，メゾ，ミクロ**　ソーシャルワーク実践を行う場合，マクロ（国際，国レベル），エクソ（都道府県や市町村レベル），メゾ（学校区や地区レベル），ミクロ（自治会や家族レベル）の4つのレベルとその連関性を意識する必要がある。　　　　　16

☐ 　**バイオ・サイコ・ソーシャルモデル**　援助対象者の置かれている困難な状況をバイオ（bio：身体状況），サイコ（psycho：心理状態），ソーシャル（social：社会関係）の3つの側面から把握するためのモデル。これら3つは相互に影響し合う。　　　　　16

☐ 　**生活福祉資金貸付制度**　都道府県社会福祉協議会が実施する社会福祉法に位置づけられたお金を借りる制度。対象は借入資金の内容による。家屋の修繕や一時的な生活費を借り入れる福祉資金，低所得者世帯向けの学費の借り入れである教育支援資金，失業者向けの借り入れである総合支援資金などがある。低所得者向けの借り入れであるため，借入利息は無利子もしくは低い金利に抑えられている。　　　　　19

☐ 　**生活保護制度**　最低生活の保障のための金銭給付と自立の助長を行う制度。　19

☐ 　**社会福祉士の倫理綱領**　社会福祉士の専門職としての価値観を行動指針として明文化しているもの。前文・原理・倫理基準からなる。　　　　　20

第 2 章

ソーシャルワーカーの基本的視座

　本章では，ソーシャルワーカーの基本的視座について学ぶ。ソーシャルワーカーとして専門的援助を提供しようとするとき，その専門性が問われる。利用者を援助しようとする場面で個人の価値判断で物事を進めるならば，そこに専門性はなく，良い結果が得られないどころか，事態を悪化させてしまうおそれさえある。ここではソーシャルワーク専門職のグローバル定義や倫理綱領，人権，権利擁護，生活モデル，自己決定，自己実現について学ぶことを通して，ソーシャルワーカーの専門性に基づくものの見方やとらえ方の基本を身につける。

ミニワーク
　あなたがソーシャルワーカーとして働くときに，大切にしたいことは何ですか。なぜそれを大切にしたいと考えますか。

1　ソーシャルワーク専門職のグローバル定義と倫理綱領

（1）ソーシャルワーク専門職のグローバル定義

　ソーシャルワーカーの専門性の中心となるものについて，2014年に IFSW（国際ソーシャルワーカー連盟）が示した「ソーシャルワーク専門職のグローバル定義」を確認する[1]。この定義において，「社会正義，人権，集団的責任，および多様性尊重の諸原理は，ソーシャルワークの中核をなす」と明示されている。さらに，この定義の注釈を見てみると，「ソーシャルワークの大原則は，人間の内在的価値と尊厳の尊重，危害を加えないこと，多様性の尊重，人権と社会正義の支持である」と示されている。ソーシャルワーカーは，社会正義や人権，集団的責任，多様性尊重に価値を置くこととなる。

（2）倫理綱領

　倫理綱領とは，専門職団体が専門職としての価値や職業倫理，社会的責任を文書で示しているものである。倫理綱領は，専門性のある援助を展開しようとするときに欠かせないものとなる。日本社会福祉士会による「社会福祉士の倫理綱領」は，2014年の IFSW による「ソーシャルワーク専門職のグローバル定義」をもとに2020（令和2）年に改訂された。この社会福祉士の倫理綱領における「原理」には以下の通り，人間の尊厳，人権，社会正義，集団的責任，多様性の尊重，全人的存在があげられている[2]。

Ⅰ（人間の尊厳）　社会福祉士は，すべての人々を，出自，人種，民族，国籍，性別，性自認，性的指向，年齢，身体的精神的状況，宗教的文化的背景，社会的地位，経済状況などの違いにかかわらず，かけがえのない存在として尊重する。
Ⅱ（人権）　社会福祉士は，すべての人々を生まれながらにして侵すことのできない権利を有する存在であることを認識し，いかなる理由によってもその権利の抑圧・侵害・略奪を容認しない。
Ⅲ（社会正義）　社会福祉士は，差別，貧困，抑圧，排除，無関心，暴力，環境破壊などの無い，自由，平等，共生に基づく社会正義の実現をめざす。
Ⅳ（集団的責任）　社会福祉士は，集団の有する力と責任を認識し，人と環境の双

　方に働きかけて，互恵的な社会の実現に貢献する。
Ⅴ（多様性の尊重）　社会福祉士は，個人，家族，集団，地域社会に存在する多様
　性を認識し，それらを尊重する社会の実現をめざす。
Ⅵ（全人的存在）　社会福祉士は，すべての人々を生物的，心理的，社会的，文化
　的，スピリチュアルな側面からなる全人的な存在として認識する。

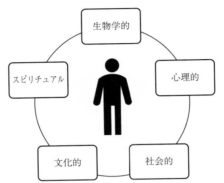

図2-1　全人的存在として認識するための各側面
出所：筆者作成。

　社会福祉士の倫理綱領の原理では，ソーシャルワーク専門職のグローバル定
義で示されているものと重なるもののほかに，人間の尊厳と全人的存在が掲げ
られている。人間の尊厳については，どのような条件もなしに，ただ人間とし
て存在すること自体が尊重される。また，全人的存在については，ソーシャル
ワーク実践のプロセスにおけるアセスメントにおいても重要な手がかりとなる
（図2-1）。ソーシャルワークの対象者について，身体障害や重度の病気を抱え
ており，悲観的に考えがちであるといった生物学的・心理的な側面だけで理解
するのではなく，一緒に暮らす家族や趣味に誘ってくれる仲間がいるといった
社会的な側面，音楽の演奏や神社へのお参りといった文化的側面，生まれなが
らにして大事にしてきた信念や宗教といったスピリチュアルな側面からもとら
えることがソーシャルワーカーにとって重要となる。

2　人権と権利擁護

（1）人　権

　ソーシャルワーク実践において，人権について検討することは必須である。人権とは，人間が生まれながらにもっている権利である。先にも示した通り，ソーシャルワーク専門職のグローバル定義や社会福祉士の倫理綱領においても人権は取り上げられている。

　人権に関する国際的な取り決めとして「世界人権宣言」がある。世界人権宣言は，人権および基本的自由の尊重と確保のために，世界共通の基準を宣言したものであり，1948年12月10日に第 3 回国連総会において採択された。第 1 条には，「すべての人間は，生れながらにして自由であり，かつ，尊厳と権利とについて平等である。人間は，理性と良心とを授けられており，互いに同胞の精神をもつて行動しなければならない」とある。[3]

　わが国においては，日本国憲法に基本的人権の尊重が示されている。そして，さまざまな法律によって人権に関する施策が規定されている。法務省と文部科学省による2021（令和 3 ）年版の『人権教育・啓発白書』においては，人権課題として，女性，子ども，高齢者，障害者，同和問題（部落差別），アイヌの人々，外国人，HIV 感染者等，ハンセン病患者等，刑を終えて出所した人，犯罪被害者等，インターネットによる人権侵害，北朝鮮当局による拉致問題等，ホームレス，性的指向及び性自認，人身取引，東日本大震災に起因する問題が掲げられ，その取り組みについて報告されている。また，新型コロナウイルス感染症に関連して発生した偏見・差別の問題への対策についても報告している。[4]人権課題と人権問題については表 2 - 1 にまとめる。

　ソーシャルワーカーとして，すべての人に人権があること，そしてどこで人権が侵害されるおそれがあるかということを知っておくことから，人権への取り組みがはじまる。人権に関する知識をもつことによって，人権侵害の事象に気づくことができるようになり，その対処へと行動に移すことが可能となる。

表 2-1　人権課題と人権問題

人権課題	人権問題
① 女性	家庭や職場における男女差別，性犯罪等の女性に対する暴力，配偶者・パートナーからの暴力，職場におけるセクシュアルハラスメントや妊娠・出産等を理由とする不利益取扱い（マタニティハラスメント）など
② 子ども	いじめや体罰，それらに起因する自殺，児童虐待，児童買春や児童ポルノなどの性的搾取など
③ 高齢者	高齢者に対する就職差別，介護施設や家庭等における身体的・心理的虐待，高齢者の家族等による無断の財産処分（経済的虐待）など
④ 障害者	障害のある人が就職差別や職場における差別待遇を受けることや，車椅子での乗車，アパート・マンションへの入居及び店舗でのサービス等を拒否されることなど
⑤ 同和問題（部落差別）	インターネット上の差別書き込み，結婚における差別，差別発言，差別落書きなど
⑥ アイヌの人々	アイヌの人々に対する偏見や差別
⑦ 外国人	外国人であることを理由とする不当な就職上の取扱い，アパートやマンションへの入居拒否など
⑧ HIV 感染者等	エイズ，肝炎，新型コロナウイルス感染症等の感染者に対して生じる，日常生活，職場，医療現場など社会生活のさまざまな場面における差別やプライバシー侵害など
⑨ ハンセン病患者等	かつてのハンセン病対策としての施設入所政策の下で生じた，患者・元患者とその家族に対する，偏見や差別
⑩ 刑を終えて出所した人	刑を終えて出所した人やその家族に対する偏見によって生じる，就職差別や住居の確保が困難であることなど
⑪ 犯罪被害者等	犯罪被害者とその家族が，興味本位のうわさや心ない中傷などによって名誉を傷つけられたり，私生活の平穏が脅かされたりすることなど
⑫ インターネットによる人権侵害	インターネット上で他人を誹謗中傷したり，個人の名誉やプライバシーを侵害したり，あるいは偏見・差別を助長するような情報を発信したりすることなど
⑬ 北朝鮮当局による拉致問題等	拉致問題の解決をはじめとする北朝鮮当局による人権侵害問題
⑭ ホームレス	ホームレスに対する嫌がらせや暴行事件など
⑮ 性的指向及び性自認	同性愛や両性愛といった性的指向に関する偏見から職場を追われたり，性自認に関する偏見から，からだの性とこころの性が一致していない人が，周囲の心ない好奇の目にさらされたり，職場などで不適切な取扱いを受けたりするなど
⑯ 人身取引	性的搾取，強制労働等を目的とした人身取引（トラフィッキング）など
⑰ 東日本大震災に起因する問題	福島第一原子力発電所事故の影響による避難生活の長期化に伴うトラブルや，被災地からの避難者に対するいじめなど，東日本大震災に起因する人権問題

出所：法務省・文部科学省編『令和 3 年版人権教育・啓発白書』より筆者作成。

（2）権利擁護

　ソーシャルワークの対象となる人々がすべて自身の権利を自覚し，権利の行使ができればよいが，それができない場合もある。自身のもつ権利を主張しても認められないことが続いたり，自分の権利をどのように主張すればよいかわからなかったり，そもそも自身がもつ権利に気づいていなかったり，他者から知らない間に奪われていたりすることもある。こうしたときに，アドボカシーや**権利擁護**が重要となる。

　アドボカシーという言葉は「権利擁護」と訳されることが多く，ソーシャルワーク実践の場面においても同様に考えられてきた。近年，日田剛はこれらの概念について整理し，次のように定義している。アドボカシーとは「本人の主体化が果たせない環境や状態にある人びと，またはそのおそれのある人びとの基本的人権や権利を保護・獲得・形成するため，代弁・弁護，対決・交渉によって本人の**エンパワメント**を支援する活動」であるとしている。エンパワメントとは，奪われたパワーを取り戻すための取り組みのことである。そして，権利擁護とは「本人にとって価値ある生を生きる自由の獲得と拡大を達成するために必要な，アドボカシー，過程，**社会資源**から構成される」とし，ソーシャルワーカーによる権利擁護の実践ではソーシャルワークの方法を用いるとしている。社会資源とは，社会福祉的サービスを利用する人々の生活上のニーズを充たすために活用できる種々の制度，政策，施設，法律，人材などのことである。つまり，アドボカシーとは人権や権利を代弁する活動であり，権利擁護とはそうしたアドボカシーの活動を含む，権利獲得の過程やそれを実現するために必要となる人材や法律，福祉サービスといった社会資源を含めた総体であるといえる。

　ソーシャルワーカーは，ソーシャルワーク対象者の声なき声を代弁しながら対象者をエンパワメントし，社会福祉に限らずさまざまな専門職や施設・機関，サービス，地域住民といった社会資源を活用することによって環境を整え，対象者自身が主体となって権利を行使することができるように支援することが大切である。

3　生活モデル

　ソーシャルワーク実践における重要な概念として**生活モデル**（life model）があり，ライフ・モデルとも呼ばれる。生活モデルとは，生態学的視点でソーシャルワークの対象を把握し，ソーシャルワーク実践を展開していくものである。1960年代にバンドラーによって最初に提唱され，1980年代にジャーメイン（C. B. Germain）やギッターマン（A. Gitterman）によって体系化された。

　これまでの伝統的なソーシャルワークにおいては医学モデル（medical model）が用いられてきており，個人の病理や発達上の障害に焦点を当て，病理現象を治療することが目標とされた。しかし，生活モデルでは，ソーシャルワークの対象を生態学的視点でとらえ，人間とその環境との交互作用に着目する。また，クライエントのニーズや問題について，医学モデルではクライエントの問題を病理として認識し，ネガティブに把握する。一方で，生活モデルでは交互作用から生じる人間の成長及び発達によって獲得された人間の特性に関する概念が前面に押し出され，ポジティブに関わろうとする。[7] 表2-2は，医学モデルと生活モデルの特徴について対比してまとめたものである。

　ギッターマンが提唱した当初の生活モデルでは，弱さや傷つけられやすさを示す**バルネラブル**（vulnerable）の面が問題として取り扱われる傾向にあった。しかし，その後に強さを示す**レジリエンス**（resilience）という考えが付け加えられ，個人と環境との交互作用に着目する生活モデルをさらに発展させた。ギッターマンは，レジリエンスとは「元の状態に復帰する，あるいは押し戻すために，跳ね返りやより戻すという性質」と説明している。[8] また，バルネラブルという言葉は2014年のソーシャルワークのグローバル定義においても使用されており，ソーシャルワーカーの中核となる任務として，「脆弱（vulnerable）で抑圧された人々を解放」することが示されている。ソーシャルワークの対象者は，確かに傷つけられやすい側面があったり，弱い立場に置かれていたりする可能性がある。一方で，問題を抱えながらも日々の生活を過ごしている面もある。ソーシャルワークにおいて，どちらの側面も含めた生活モデルの視点で

表2-2　医学モデルと生活モデルの対比

	医学モデル	生活モデル
モデルの特徴	病理現象を治療することが目標となる	ソーシャルワークの対象を生態学的視点でとらえる
焦点づける点	個人の病理や発達上の障害に焦点を当てる	人間とその環境との交互作用に焦点を当てる
クライエントのニーズや問題	病理として認識し，ネガティブに把握する	交互作用から生じる人間の成長及び発達によって獲得された人間の特性に関する概念が前面に押し出され，ポジティブに関わろうとする

出所：岡村民夫（1987）「ケースワーク理論の動向（Ⅱ）」岩田正美監修／白澤政和・岩間伸之編（2011）『リーディングス日本の社会福祉　第4巻　ソーシャルワークとはなにか』日本図書センター，226～243頁を参考に筆者作成。

対象者を理解することがより充実した支援につながる。

　現代のソーシャルワークにおいて，生態学的視点に基づく生活モデルが主流となってきたが，この流れは医療分野にも広がっている。近年では，地域包括ケアを実践するうえで，医師や看護師，理学療法士，作業療法士らにおいても，医学モデルとともに，生活モデルの視点を取り入れることが重視されるようになってきた。ソーシャルワーカーは今後も生活モデルをもとに専門的援助を提供していくと同時に，多職種連携の場面でも生活モデルを活用していくことが求められる。

4　自己決定と自己実現

（1）自己決定

　自己決定とは，アメリカのバイステック（F. P. Biestek）が「ケースワークの原則」において提唱した7つの原則のなかの1つとして知られている。7つの原則は次の通りである（詳しくは第9章を参照）。なお，クライエントとはソーシャルワークの対象者のことであり，利用者とも呼ばれる。

1. クライエントを個人として捉える（個別化）

2. クライエントの感情表現を大切にする（意図的な感情表出）
3. ソーシャルワーカーは自分の感情を自覚して吟味する（統制された情緒的関与）
4. 受けとめる（受容）
5. クライエントを一方的に非難しない（非審判的態度）
6. クライエントの自己決定を促して尊重する（クライエントの自己決定）
7. 秘密を保持して信頼感を醸成する（秘密保持）

　「クライエントの自己決定」の原則は，クライエントは生まれながらにして自己決定を行う能力をもっているという考えに基づいている。人間は誰しも，自分自身のことを自分で選択し，自由に決定したいというニーズがあり，決定する能力を有する。たとえ意思決定が難しいと思われる対象者であっても，身近なことから自己決定を促すような機会をもつことが重要となる。たとえば，言葉を話すことができない知的障害児であっても，スーパーで自由にシャンプーを選ぶ機会があれば，自ら気に入ったシャンプーを選択することもある。重度の認知症高齢者であっても，喫茶コーナーで飲み物やアイスのなかから選ぶ機会があれば，好みのものを注文して楽しむこともある。ソーシャルワーカーとして自己決定の機会を設けることは大切であるが，自己決定を強要することになっては支援どころか悪影響ともなりかねないため，留意する必要がある。

（2）人間に共通するニーズと自己実現

　自己決定において，人間には自分の人生や生活について自由に決定したいというニーズがあるということを確認したが，この人間に共通するニーズとして，アメリカの心理学者であるマズロー（A. H. Maslow）が示したニーズの階層がある。ニーズは階層化されており，それぞれのニーズを満たすためには，それまでに存在するニーズを満たしておく必要があると考えられる（図2-2）。

　1つ目の「生理的ニーズ」とは，食物や水，空気などの生命を維持するためのニーズである。2つ目の「安全のニーズ」とは，暴力などによる苦痛や身体的損傷がない，安全の確保というニーズである。3つ目の「所属と愛情のニーズ」とは，人との密接な接触の際に安心感がもてるといった社会的なニーズで

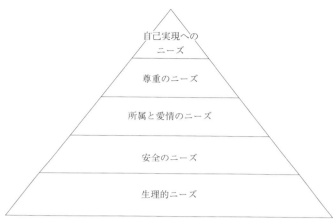

図2-2　マズローのニーズ階層

出所：ジョンソン，L. C.・ヤンカ，S. J.／山辺朗子・岩間伸之訳（2004）『ジェネ
ラリスト・ソーシャルワーク』ミネルヴァ書房を参考に筆者作成。

ある。4つ目の「尊重のニーズ」とは，集団における地位や承認を得られると
いうニーズである。5つ目の「自己実現へのニーズ」とは，自身の可能性が広
がり，自分の能力を最大限に発揮するというニーズである。この自己実現の達
成の先には「認知的理解へのニーズ」があり，自分だけがという考えではなく，
外の世界，つまり他者のことまで考えが及ぶようになるというニーズがあると
考えられている[10]。

　ソーシャルワーカーとして支援しようとするとき，環境を調整することに注
目することは重要であるが，まず生理的ニーズや安全のニーズといった基本的
なニーズが満たされているか確認することも忘れてはならない。ソーシャル
ワーカーは，その対象者の基本的なニーズや社会的なニーズなどを満たし，自
己実現の達成ができるよう支援していく。

　本章では，ソーシャルワーカーの基本的視座について学んできた。ソーシャ
ルワーカーの中核となる原理や概念について知識を得た次には，それらを具体
的な事象と関連づけて考えていくことが必要となる。今後触れる事例に対して，
人権や生活モデルなどの視点について立ち止まって考えることを繰り返し，
ソーシャルワーカーの専門性を身につけることを期待する。

注

(1)　IFSW「ソーシャルワーク専門職のグローバル定義」（https://www.ifsw.org/wp-content/uploads/ifsw-cdn/assets/ifsw_64633-3.pdf　2022年2月25日閲覧）。

(2)　日本社会福祉士会「社会福祉士の倫理綱領」（https://www.jacsw.or.jp/citizens/rinrikoryo/documents/rinri_koryo.pdf　2022年2月25日閲覧）。

(3)　外務省「世界人権宣言」（https://www.mofa.go.jp/mofaj/gaiko/udhr/1b_001.html　2022年2月25日閲覧）。

(4)　法務省・文部科学省編『令和3年版人権教育・啓発白書』（https://www.moj.go.jp/JINKEN/jinken04_00224.html　2022年2月25日閲覧）。

(5)　日田剛（2020）『ソーシャルワークにおける権利擁護とはなにか──「発見されていない権利」の探求』旬報社。

(6)　成清美治・加納光子編集代表（2019）『現代社会福祉用語の基礎知識　第13版』学文社。

(7)　岡村民夫（1987）「ケースワーク理論の動向（Ⅱ）」岩田正美監修／白澤政和・岩間伸之編（2011）『リーディングス日本の社会福祉　第4巻　ソーシャルワークとはなにか』日本図書センター，226～243頁。

(8)　北島英治（2016）『グローバルスタンダードにもとづくソーシャルワーク・プラクティス──価値と理論』ミネルヴァ書房。

(9)　バイステック，F. P./尾崎新・福田俊子訳（2006）『ケースワークの原則──援助関係を形成する技法　新訳改訂版』誠信書房。

(10)　ジョンソン，L. C.・ヤンカ，S. J./山辺朗子・岩間伸之訳（2004）『ジェネラリスト・ソーシャルワーク』ミネルヴァ書房。

参考文献

武田建・津田耕一（2016）『ソーシャルワークとは何か──バイステックの7原則と社会福祉援助技術』誠信書房。

ペイン，M./竹内和利訳（2019）『ソーシャルワークの専門性とは何か』ゆみる出版。

学習課題

①　巻末資料「ソーシャルワーク専門職のグローバル定義」（日本語版）全文を読んでみましょう。

②　あなた自身の自己実現したいことは何でしょうか。それを実現可能にするためには，どのように環境を調整する必要があるでしょうか。どの社会資源が役に立つでしょうか。あなたの考えを書いてみましょう。

キーワード一覧表

☐ **権利擁護**　自身の権利やニーズを自ら主張することが困難な人に代わって，その権利やニーズを主張し，自分で権利を行使できるように支援すること。27

☐ **エンパワメント**　奪われたパワーを取り戻すための取り組みのこと。本来，力を付与することを意味するが，潜在能力を引き出すことの意味もある。27

☐ **社会資源**　社会福祉的サービスを利用する人々の生活上のニーズを充たすために活用できる種々の制度，政策，施設，法律，人材などのこと。27

☐ **生活モデル**　生態学的視点でソーシャルワークの対象を把握し，ソーシャルワーク実践を展開していく。28

☐ **バルネラブル**　弱さや傷つけられやすさ。28

☐ **レジリエンス**　困難や苦境に直面しながらも平衡状態を維持する能力。「復元力」「耐久力」などとも訳される。28

第3章

社会福祉士の位置づけと役割

　社会福祉士は福祉専門職の1つであり，ソーシャルワーカーとして位置づけられている。本章では，社会福祉専門職としての社会福祉士の法的な位置づけと求められる役割について学んでいく。具体的には，社会福祉士の定義と義務，社会福祉専門職の国家資格化のあゆみ，社会福祉士及び介護福祉士法の成立と改正，社会福祉士の養成，認定社会福祉士制度等の内容を通して学ぶ。社会福祉士の専門性と意義に関する理解を深めていきたい。

ミニワーク
　社会福祉士が配置されている施設・機関・事業所について，高齢者福祉，障害者福祉，児童福祉，地域福祉の領域別に2つずつあげてみよう。

・高齢者福祉

・障害者福祉

・児童福祉

・地域福祉

1　社会福祉士及び介護福祉士法における 社会福祉士の定義と義務

（1）法律で定められた社会福祉士の定義

　社会福祉士は何をする専門職なのか。これについて，まず社会福祉士の定義から見てみよう。「社会福祉士及び介護福祉士法」第2条第1項において，社会福祉士の定義について，以下のように定められている。

　　第28条の登録を受け，社会福祉士の名称を用いて，専門的知識及び技術をもつて，身体上若しくは精神上の障害があること又は環境上の理由により日常生活を営むのに支障がある者の福祉に関する相談に応じ，助言，指導，福祉サービスを提供する者又は医師その他の保健医療サービスを提供する者その他の関係者（第47条において「福祉サービス関係者等」という。）との連絡及び調整その他の援助を行うこと（第7条及び第47条の2において「相談援助」という。）を業とする者をいう。

　同法の定義によると，社会福祉士は相談に応じて直接に支援やサービスを提供するだけではなく，「医師その他の保健医療サービスを提供する者その他の関係者との連絡及び調整」（2007年の法改正時に追加）という多職種の連絡・調整を行う役割について法律上に明確に示されている。

　社会福祉士及び介護福祉士法は，日本における福祉専門職としての社会福祉士と介護福祉士の2つの資格に関する法律で，1つの法律に2つの資格について定められることは資格法のなかではまれである。[1]この法律のなかで定めた社会福祉士と介護福祉士とは，異なる福祉専門職であり，社会福祉士をソーシャルワーカーとして，介護福祉士をケアワーカーとして位置づけていると区別することができる。

（2）名称の使用制限

　同法により，社会福祉士になるには，年に1回実施される試験に合格し（第[2]4条），「社会福祉士登録簿に，氏名，生年月日その他厚生労働省令で定める事項の登録を受けなければならない」（第28条）と定められている。

　社会福祉士も介護福祉士も「名称の使用制限」がある。「社会福祉士でない者は，社会福祉士という名称を使用してはならない」（第48条第1項），「介護福祉士でない者は，介護福祉士という名称を使用してはならない」（第48条第2項）と明文化している。また，第53条には，第48条第1項または第2項の規定に違反した者は，「30万円以下の罰金に処する」と定められている。

　これは社会福祉士が「**名称独占資格**」（詳しくは本章第4節参照）であることを示している。なぜ名称独占資格となったのかについて，1987（昭和62）年6月8日に全国社会福祉協議会・障害福祉部の「社会福祉士・介護福祉士法の具体化にあたって」では以下の5点にまとめられている[3]。①行為の性格からいって，行為自体は危険なものではないこと。②専門家以外の住民参加，ボランティアの活動を狭めてはならない。③ただし，資格を有する者がこの名称を使うことによって，行政としてその者がもつ専門性を認めていることにはなり，効果はある（資格を有する者以外は，この名称をつかってはならないため）。④厳密には，**必置規制**（社会福祉士や精神保健福祉士を必ず置かなければならないという法律や規則）が考えられなくはない。しかし，今後シルバーサービスがどのように発展していくのか，そのときの姿がどうなるのか，今の時点では明確ではない。そうしたときに必置規制を行うということは「過剰な関与」となってしまう。⑤必置規制は，事業者にとってはデメリットがあるわけで，よほどのことがなければ必置規制は導入されないと思われる（たとえば，具体的な「不祥事」というものが出たときにはじめて，国民からの信頼を失うことのないよう，考えられる性格のものであること）。

（3）社会福祉士に求められる義務

　同法の第4章では，社会福祉士の義務について定めている。「誠実義務」「信用失墜行為の禁止」「秘密保持義務」「連携」「資質向上の責務」の5つである。

社会福祉士の義務は，社会福祉士として，「行わなければならないこと」，または「してはならないこと」である。これらは社会福祉士および介護福祉士の法的義務として定められているが，日本ソーシャルワーカー連盟による「ソーシャルワーカーの倫理綱領」，および日本社会福祉士会による「社会福祉士の倫理綱領」の内容と重なるものも多く，法的義務だけではなく，専門職倫理として守っていくことが必要である。

（誠実義務）第44条の2　社会福祉士及び介護福祉士は，その担当する者が個人の尊厳を保持し，自立した日常生活を営むことができるよう，常にその者の立場に立つて，誠実にその業務を行わなければならない。

（信用失墜行為の禁止）第45条　社会福祉士又は介護福祉士は，社会福祉士又は介護福祉士の信用を傷つけるような行為をしてはならない。

（秘密保持義務）第46条　社会福祉士又は介護福祉士は，正当な理由がなく，その業務に関して知り得た人の秘密を漏らしてはならない。社会福祉士又は介護福祉士でなくなつた後においても，同様とする。

（連携）第47条　社会福祉士は，その業務を行うに当たつては，その担当する者に，福祉サービス及びこれに関連する保健医療サービスその他のサービス（中略）が総合的かつ適切に提供されるよう，地域に即した創意と工夫を行いつつ，福祉サービス関係者等との連携を保たなければならない。

（資質向上の責務）第47条の2　社会福祉士又は介護福祉士は，社会福祉及び介護を取り巻く環境の変化による業務の内容の変化に適応するため，相談援助又は介護等に関する知識及び技能の向上に努めなければならない。

2　社会福祉専門職の国家資格化の必要性

（1）社会福祉職員が公的扶助を担う職員と認識されていた時代

　戦後，日本ではじめて有給でなおかつ専任で社会福祉を担当する職員が配置されたのが福祉事務所である。そこでは，社会福祉主事[(4)]の資格が必要とされた。生活保護によって戦後要援護者の経済的給付を整備することが課題となっていた。当時の社会福祉の資格といえば，社会福祉主事と保母（現在の保育士）であり，その他の福祉に関連する仕事に就く人たちは特別な資格はなかった。社会福祉主事が必要とはいえ，短期間で養成することは難しく，社会福祉事業法

によって，4年生大学において定められた3科目の単位を修得することによって，社会福祉主事**任用資格**の取得が可能となった。

　自治体には福祉課だけでなく市民生活を守るあらゆる課があり，社会福祉の専門の職員ではなく，行政全体の仕事が担える人材も必要である。そのため，多くの自治体ではすべての課を担うことのできる人を一般職として採用しつつ，3科目主事という任用資格の制度は続いている。

　しかしながら，自治体での社会福祉主事の職務が多忙であり，実際に社会福祉を学んだ者が必ずしもいないなかでは，地域に根差して活動している民生委員が大きな役割を果たしていたといわれており，社会福祉主事が専門職になりきれない状況が続いた。

（2）社会福祉主事の職場拡大

　高度経済成長期になってから社会福祉主事は，社会福祉施設あるいは社会福祉事業団に雇用されるようになり，対人援助職を担う職員の任用資格として認知されていった。当時は特別な資格が必要とされていなかった高齢者の施設においても「生活指導員」に社会福祉主事の任用資格を有する者が配置されるようになった。また，病院，保健所，社会福祉協議会など職場は広がりを見せてきたのである。しかし，共通した資格や教育カリキュラムはなかったため，福祉専門職としての統一したアイデンティティがないままであった。

（3）新たな国家資格創設の必要性

　社会福祉士**国家資格**は，ソーシャルワーカーのための国家資格という位置づけで1987（昭和62）年に誕生した。国家資格の背景の1つに，「福祉専門職の養成が欧米諸国と比べて遅れていること[(5)]」があげられた。特に，日本は他国に類を見ない速さで高齢化が進んでいるなかで，社会福祉の資格制度がなかったことが危惧されていた。ここでいう欧米諸国とは福祉先進国のことである。19世紀以降に生じた社会問題に対応した慈善事業や篤志家の活動と組織化，そこで共通の方法論や知識の必要性が認識され，教育訓練が開始され，専門職集団が形成されたという過程を通して社会福祉職の専門職化が進んできた。一方，日

本では社会福祉事業は慈善事業の域を超えず，慈善事業は素人でもできるという理解にとどまっていた。このことは，社会福祉を仕事にする人たちの待遇だけでなく，質的向上にも影響すると考えられていた。[6]

3　社会福祉士及び介護福祉士法の成立と改正

（1）社会福祉士及び介護福祉士法の成立

　1971（昭和46）年11月に，**中央社会福祉審議会**・職員問題専門分科会起草委員会が「社会福祉専門職員の充実強化方策としての社会福祉士法制定試案」を提示した。この「試案」のなかの社会福祉士に関する構想は，「ソーシャル・ワーカーを中心とする公私の社会福祉専門職者を包括的にとらえる専門職として社会福祉士（仮称）制度を設け，その資格基準を明定し，それによって社会福祉専門職の処遇の改善をはかる」ものであった。この「試案」は後に批判を受け，1976（昭和51）年5月に白紙撤回されたが，社会福祉専門職の制度的体系化への第一歩を踏み出すことを試みる画期的な提案と評価されている。[7]

　社会福祉士及び介護福祉士法が公布される1986（昭和61）年の1年の間に，「提言　社会福祉改革の基本構想」（1986年5月9日），「社会福祉専門従事者の教育および資格に関する提言」（1986年8月1日），「社会福祉専門職問題検討委員会報告」（1986年9月中旬），「社会福祉専門職員養成基準の例示科目について」（1986年11月29日）など，資格制度化の背景となるような気運や研究・運動が高まりを見せた。

　1987（昭和62）年3月23日，「福祉関係者の資格制度について（意見具申）」では，「資格制度の法制化の必要性」について，①高齢化と福祉ニーズへの専門的な対応，②国際化と福祉専門家の養成，③シルバーサービスの動向の3点が取り上げられた。社会福祉専門職の資格制度を創設する必要性に関しては，当時の日本国内の環境と国際的な動きが背景にある。当時，日本国内における高齢化の進行に伴い，障害者や児童等の福祉ニーズの多様化による適切なサービスの選択に関する援助を図っていく必要があった。国際的な環境として，1986（昭和61）年の8月から9月にかけて東京で国際社会福祉会議が開催され，82か

国，約2500名の参加者が討議を行い，資格制度の確立も重要な課題とされていたことから，国際的に見ても資格制度の確立が望まれていたことが読み取れる。この「意見具申」では，資格制度の基本的な考え方について，目的，定義，登録，名称独占等に関しても提示された。「目的」では，社会福祉士および介護福祉士の資格を定め，その資質の向上を図り，もって社会福祉の増進に寄与することを目的とすることが示され，「定義」では，社会福祉士がソーシャルワーカーとして，介護福祉士がケアワーカーとして位置づけられている。

　同年3月「社会福祉士及び介護福祉士法案」が第108回通常国会に提出され，1987（昭和62）年5月に公布され，1988（昭和63）年4月から施行された。この法律は「主として『業務の適正化』を図るという法律であるわけで，資質の向上によって高度の専門職をめざし，それを確立することを通じて業務の適正化を図るという法律である(8)」とされた。

（2）法制度の見直し

　1990年代以降，日本の社会福祉領域における一連の法改正が行われた。1990（平成2）年に老人福祉法等の一部を改正する法律（福祉関係八法改正）が成立し，2000（平成12）年に介護保険法の正式施行，2003（平成15）年に障害者領域の支援費制度の導入，2005（平成17）年に介護保険法の改正が行われたことなどがあげられる。2005（平成17）年の介護保険法改正では，地域包括支援センターの設置と社会福祉士の配置について定められた。

　2006（平成18）年12月12日の**社会保障審議会**福祉部会「介護福祉士制度及び社会福祉士制度の在り方に関する意見」では，社会福祉士に求められる役割について次の3点が提示された。①福祉課題を抱えた者からの相談に応じ，必要に応じてサービス利用を支援するなど，その解決を自ら支援する役割。②利用者がその有する能力に応じて，尊厳を持った自立生活を営むことができるよう，関係するさまざまな専門職や事業者，ボランティア等との連携を図り，自ら解決することのできない課題については当該担当者への橋渡しを行い，総合的かつ包括的に援助していく役割。③地域の福祉課題の把握や社会資源の調整・開発，ネットワークの形成を図るなど，地域福祉の増進に働きかける役割。

表3-1　2007年に行われた社会福祉士及び介護福祉士法の主な改正内容

条　項	改正された内容
第2条 （定義）	社会福祉士の定義として，「福祉サービスを提供する者又は医師その他の保健医療サービスを提供する者その他の関係者との連絡及び調整」が追加された。
第44条の2 （誠実義務）	「社会福祉士及び介護福祉士の義務等」の中，誠実義務として，「社会福祉士及び介護福祉士は，その担当する者が個人の尊厳を保持し，自立した日常生活を営むことができるよう，常にその者の立場に立って，誠実にその業務を行わなければならない。」が新たに規定された。
第47条 （連携）	社会福祉士の連携について，従前の「医師その他の医療関係者」から「その担当する者に，福祉サービス及びこれに関連する保健医療サービスその他のサービス（次項において「福祉サービス等」という。）が総合的かつ適切に提供されるよう，地域に即した創意と工夫を行いつつ，福祉サービス関係者等」に改められた。
第47条の2 （資質向上の責務）	「社会福祉士又は介護福祉士は，社会福祉及び介護を取り巻く環境の変化による業務の内容の変化に適応するため，相談援助又は介護等に関する知識及び技能の向上に努めなければならない。」が新たに規定された。

出所：社会福祉士及び介護福祉士法より筆者作成。

　また，この「意見」では，今後の社会福祉には新しいニーズにも対応しつつ，上記①～③までの役割を状況に応じて適切に果たしていくことができるような知識および技術を有することが求められると述べられていた。

　2007（平成19）年12月5日に，「社会福祉士及び介護福祉士法等の一部を改正する法律」が公布され，定義規定の見直しと義務規定の見直しが行われた。その後，2009（平成21）年に資格取得方法の見直しと任用・活用の促進が行われ，上記の社会福祉士に求められる3つの役割を果たすための必要な環境整備が行われてきた。

4　社会福祉士の養成

（1）国家資格としての社会福祉士

　前述したように，社会福祉士は国家試験を受け，合格した者が「社会福祉士」に登録することで名乗ることができる資格である。国家資格とは，国の法律に基づいて，各種分野における個人の能力，知識が判定され，特定の職業に

従事すると証明される資格のことである。法律によって一定の社会的地位が保証されるので，社会からの信頼性は高い。

　国家資格は，法律で設けられている規制の種類により，「**業務独占資格**」「**名称独占資格**」「**設置義務資格**」「**技能検定**」の４つに分類されている。

　業務独占資格は，有資格者以外が携わることを禁じられている業務を独占的に行うことができる資格のことである。例として，医師，弁護士，公認会計士，司法書士等がある。

　名称独占資格は，有資格者以外はその名称を名乗ることを認められていない資格のことである。例として，栄養士法による管理栄養士，技術士法による技術士等の資格がある。社会福祉士はこの「名称独占資格」として位置づけられている。

　設置義務資格（必置資格と表現することもある）は，特定の事業を行う際に法律で設置が義務づけられている資格のことである。例として，博物館法による学芸員，労働安全衛生法による衛生管理者等の資格がある。

　技能検定は，業務知識や技能などを評価するものである。例として，職業能力開発促進法による技能検定がある。

（2）社会福祉士養成

　社会福祉士国家試験受験資格を取得するには，①福祉系大学等ルート，②一般養成施設ルート，③短期養成施設ルートという主な３つのルートがあるが，図３-１で示すように，さまざまな養成教育機関が人材養成に関わっている。

　社会福祉士制度の見直しにより，2019（令和元）年６月28日に，厚生労働省社会・援護局が「社会福祉士養成課程における教育内容等の見直し」を示し，「社会福祉士養成課程のカリキュラム（案）」を公表した。その背景として，2018（平成30）年３月の社会保障審議会福祉部会福祉人材確保専門委員会の報告書「ソーシャルワーク専門職である社会福祉士に求められる役割等について」があった。これを踏まえ，今後，地域共生社会の実現を推進し，新たな福祉ニーズに対応するため，ソーシャルワークの専門職としての役割を担っていける実践能力を有する社会福祉士を養成する必要があることから，教育内容等

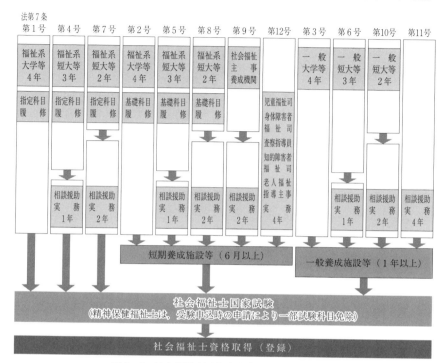

図3-1　社会福祉士国家試験受験資格取得ルート

出所：社会福祉振興・試験センター「社会福祉士国家試験　受験資格（資格取得ルート図）」（http://www.sssc.or.jp/shakai/shikaku/route.html　2022年3月30日閲覧）。

を見直すこととなったのである。見直しのポイントとしては，①養成カリキュラムの内容の充実，②実習及び演習の充実，③実習施設の範囲の見直しなどがあげられた。

　新カリキュラムの導入は2021（令和3）年度からスタートした。また，新カリキュラムの内容での社会福祉士国家試験は2024年に実施される予定である。

（3）社会福祉士の就労状況

　社会福祉士登録者数は2022（令和4）年1月末現在，26万626人となっている。現在，社会福祉士がどの分野で，どのような職種として活躍しているのだろう

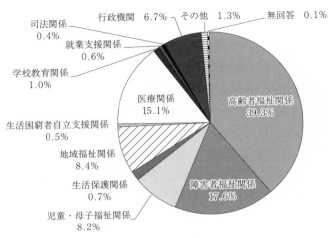

図3-2　就労している分野

出所：社会福祉振興・試験センター『社会福祉士・介護福祉士・精神保健福祉士就労状況調査（令和2年度）結果報告書』（http://www.sssc.or.jp/touroku/results/pdf/r2/results_r2_sokuhou.pdf　2022年3月30日閲覧）に基づき筆者作成。

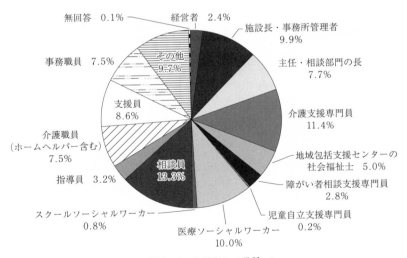

図3-3　就労先での職種

出所：社会福祉振興・試験センター『社会福祉士・介護福祉士・精神保健福祉士就労状況調査（令和2年度）結果報告書』（http://www.sssc.or.jp/touroku/results/pdf/r2/results_r2_sokuhou.pdf　2022年3月30日閲覧）に基づき筆者作成。

か。図3－2で示すように，2020（令和2）年度現在，社会福祉士の主な就労先は，高齢者福祉関係の割合が最も高く39.3％となっている。次いで，障害者福祉関係17.6％，医療関係15.1％，地域福祉関係8.4％，児童・母子福祉関係8.2％，行政機関6.7％となっており，さまざまな分野で就労している[9]。

　就労先での職種（図3－3）を見ると，相談員の割合が高く13.3％となっている。次いで，介護支援専門員11.4％，医療ソーシャルワーカー10.0％，施設長・事務所管理者9.9％，支援員8.6％，主任・相談部門の長7.7％，介護職員（ホームヘルパー含む）7.5％，事務職員7.5％，地域包括支援センターの社会福祉士5.0％と多様な職種に従事している[10]。

5　認定社会福祉士制度

　今日，個人の抱えている生活課題は複雑化，重層化している。個人の生活課題の解決には，社会福祉士の地域や社会への働きかけの力が求められている。そのため，より専門的・高度な知識や技術を用いて，個別支援や他職種との連携，地域福祉の増進を行う能力を有する社会福祉士のキャリアアップを支援する仕組みとして，実践力を認定する「認定制度」が制定されることになった。2011（平成23）年10月30日に，認定社会福祉士認証・認定機構が設立され，認定社会福祉士制度が開始された。この制度は**認定社会福祉士**と**認定上級社会福祉士**の2つの資格を設けている。具体的な活動場面や役割のイメージは表3－2で示されたもので，認定社会福祉士は分野ごとの認定となる。社会福祉士の認定制度によって評価されるのは，「認定を受けた社会福祉士だけではなく，そのような制度を持っている社会福祉士という資格全体に及ぶもの」とされている[11]。

表3-2　専門社会福祉士の具体的な活動場面や役割のイメージ

	認定社会福祉士（○○分野）※	認定上級社会福祉士
活動	所属組織における相談援助部門で，リーダーシップを発揮	所属組織とともに，地域（地域包括支援センター運営協議会，障害者自立支援協議会，要保護児童対策協議会等）で活動
	高齢者福祉，医療など，各分野の専門的な支援方法や制度に精通し，他職種と連携して，複雑な生活課題のある利用者に対しても，的確な相談援助を実践	関係機関と協働し，地域における権利擁護の仕組みづくりや新たなサービスを開発
		体系的な理論と臨床経験に基づき人材を育成・指導
役割	複数の課題のあるケースへの対応	指導・スーパービジョンの実施
	職場内のリーダーシップ，実習指導	苦情解決，リスクマネジメントなど組織のシステムづくり
	地域や外部機関との窓口，緊急対応，苦情対応	地域の機関間連携のシステムづくり，福祉政策形成への関与
	他職種連携，職場内コーディネートなど	科学的根拠に基づく実践の指導，実践の検証や根拠の蓄積
分野	高齢分野，障害分野，児童・家庭分野，医療分野，地域社会・多文化分野	自らの実践に加え，複数の分野にまたがる地域の課題について実践・連携・教育

※　認定社会福祉士は分野ごとの認定となる。
出所：認定社会福祉士認証・認定機構「『認定社会福祉士』『認定上級社会福祉士』とは」
　　　（https://www.jacsw.or.jp/ninteikikou/overview/seido/shigoto.html　2022年3月30日閲覧）。

注
⑴　資格法に一般的な形式としては1つの法律によって1つの資格が定められることが通例である（たとえば，医師法）が，2つ以上の資格を1つの法律で定めた法律の例もある。
⑵　社会福祉士及び介護福祉士法において，「社会福祉士試験は，毎年1回以上，厚生労働大臣が行う」（第6条）と定められている。
⑶　「Ⅱ-15　社会福祉士・介護福祉士法の具体化にあたって（昭和62（1987）年6月8日・全社協・障害福祉部）」。秋山智久監修（2008）『社会福祉士及び介護福祉士法成立過程資料集　第2巻』近現代資料刊行会，181〜184頁。
⑷　1946年に，連合国軍最高司令官総司令部（GHQ）による「社会救済に関する件」が提示され，戦後日本の社会福祉行政の基本的態度（最低生活保障・公的責任・無差別平等）が決定づけられた。1950年に，旧生活保護法を全面的に改正した「生活保護法」（1950年5月4日）と「社会福祉主事の設置に関する法律」（1950年5月15日）が単独立法として施行された。その立案に当たって，アメリカから構想を持ち

　　帰った黒木利克は「福祉地区」におく福祉事務所の「ゼネリックなワーカー」（現在でいう「ジェネリックなワーカー」）として社会福祉主事を立案した。

(5)　中央社会福祉協議会職員問題専門分科会起草委員会（1971）「社会福祉専門職員の充実強化方策としての『社会福祉士法』制定試案」。

(6)　(5)と同じ。

(7)　中央社会福祉審議会職員問題専門分科会起草委員会（1971）「社会福祉専門職員の充実強化方策としての『社会福祉士法』制定試案」。「処遇」という用語は福祉サービスの利用者に対して行う具体的な対応のことを指す。利用者と専門職との関係は上下ではなく，対等な立場であるとの考え方が一般的になってきたことから，最近では，処遇という用語がもたらす処置，待遇，措置，治療などのイメージにより，この用語はあまり使われない傾向にある。

(8)　京極高宣（1987）『福祉専門職の展望──福祉士法の成立と今後』全国社会福祉協議会，132頁。

(9)　社会福祉振興・試験センター『社会福祉士・介護福祉士・精神保健福祉士就労状況調査（令和2年度）結果報告書』（http://www.sssc.or.jp/touroku/results/pdf/r2/results_r2_sokuhou.pdf　2022年3月30日閲覧）。

(10)　(9)と同じ。

(11)　日本社会福祉士会・専門社会福祉士認定制度準備委員会（2011）「専門社会福祉士認定システム構築事業報告書」。

参考文献

秋山智久監修（2008）『社会福祉士及び介護福祉士法成立過程資料集　第3巻　別冊（解説）』近現代資料刊行会。

仲村優一（2002）『社会福祉著作集　第6巻　社会福祉教育・専門職論』旬報社。

日本社会福祉士会（2003）『社会福祉士会十年史』。

学習課題

①　「名称独占資格」と「業務独占資格」の違いについて説明してみよう。

②　社会福祉士の登録状況と就労の状況をまとめてみよう。

キーワード一覧表

☐　**社会福祉士及び介護福祉士法**　国家資格である社会福祉士と介護福祉士の資格に関する法律のこと。
　　　　　　　　　　　　　　　　　　　　　　　　　　　　　　　　　　　　35

☐　**名称独占資格**　有資格者以外はその名称を名乗ることを認められていない資格のことである。例として，栄養士，保育士などがある。
　　　　　　　　　　　　　　　　　　　　　　　　　　　　　　　　　　　　36

☐　**必置規制**　国が地方公共団体に対し，法令や法令に基づかない補助要綱等により，①特定の資格または職名がある職員，②地方公共団体の行政機関または施設，③審議会等の附属機関を必ず置かなければならないことなどを義務づけていることをいう。「有資格者を○○人配置すること」を義務づける。　36

☐　**任用資格**　福祉事務所現業員として任用される者に要求される資格。　38

☐　**国家資格**　国の法律に基づいて，各種分野における個人の能力，知識が判定され，特定の職業に従事すると証明される資格のことである。　38

☐　**中央社会福祉審議会**　社会福祉事業法に基づいて，社会福祉事業の全分野における共通的基本事項その他重要な事項を調査審議するため，厚生省（当時）に設置された附属機関である。厚生大臣の監督に属し，その諮問に答え，または関係行政庁に意見を具申する。　39

☐　**社会保障審議会**　2001年の中央省庁の再編にともなって新たに発足した厚生労働省の審議会で，厚生労働省設置法に基づいて設置されている。　40

☐　**業務独占資格**　有資格者以外が携わることを禁じられている業務を独占的に行うことができる資格のことである。例として，医師，弁護士，公認会計士，司法書士がある。　42

☐　**設置義務資格**　必置資格と表現することもある。特定の事業を行う際に法律で設置が義務づけられている資格のことである。例として，博物館法による学芸員，労働安全衛生法による衛生管理者等の資格がある。　42

☐　**認定社会福祉士**　社会福祉士及び介護福祉士法の定義に定める相談援助を行う者であって，所属組織を中心にした分野における福祉課題に対し，倫理綱領に基づき高度な専門知識と熟練した技術を用いて個別支援，多職種連携及び地域福祉の増進を行うことができる能力を有することを認められた者をいう。　45

☐　**認定上級社会福祉士**　社会福祉士及び介護福祉士法の定義に定める相談援助を行う者であって，福祉についての高度な知識と卓越した技術を用いて，倫理綱領に基づく高い倫理観をもって個別支援，連携・調整及び地域福祉の増進等に関して質の高い業務を実践するとともに，人材育成において他の社会福祉士に対する指導的役割を果たし，かつ実践の科学化を行うことができる能力を有することを認められた者をいう。　45

第 4 章

精神保健福祉士の位置づけと役割

　精神保健福祉士は，ソーシャルワーカーとしてどのような役割をもち業務を
担うのだろうか。本章では，まず精神保健福祉士の定義を確認し，さらに国家
資格とされた社会的な背景について学ぶ。また，社会の変化とともに人々の生
活上の困難も変わるのと同時に，精神保健福祉士に求められる役割も拡大して
いる。これらの背景を踏まえつつ，精神保健福祉士の具体的な業務，ソーシャ
ルワーカーとしての役割や機能についても考えてほしい。

ミニワーク
　精神保健福祉士のイメージを記入してみよう。たとえば，同じソーシャルワー
カーである社会福祉士とどう業務が異なるのか。また，精神保健福祉士はどのよう
な場所で活動しているのか。思い浮かぶことを記述してみよう。

1　精神保健福祉士法による定義

　精神保健福祉士の定義は，1997（平成9）年12月に成立した**精神保健福祉士法**第2条によって次のように定められている。

　　精神保健福祉士の名称を用いて，精神障害者の保健及び福祉に関する専門的知識及び技術をもって，精神科病院その他の医療施設において精神障害の医療を受け，又は精神障害者の社会復帰の促進を図ることを目的とする施設を利用している者の地域相談支援（障害者の日常生活及び社会生活を総合的に支援するための法律（平成17年法律第123号）第5条第18項に規定する地域相談支援をいう。第41条第1項において同じ。）の利用に関する相談その他の社会復帰に関する相談に応じ，助言，指導，日常生活への適応のために必要な訓練その他の援助を行うこと（以下「相談援助」という。）を業とする者をいう。

　同法律の定義において，精神保健福祉士の特徴を表すキーワードとして，「精神障害者の保健及び福祉」「精神科病院その他医療施設」「精神障害者の社会復帰の促進を図ることを目的とする施設」「地域相談支援」をあげることができるだろう。これらの用語が意味するところとして，精神保健福祉士は主に精神科医療，障害者福祉，精神保健（メンタルヘルス）という3つの領域に関わりながら相談援助や地域生活支援を展開することを業務にすると理解できる。精神保健福祉士は，これら3領域を横断しながらソーシャルワークを行っていく。同じソーシャルワーカーである社会福祉士との大きな違いは，精神科医療や精神保健領域との重なりがより深くなるところである。

　ただし，留意しなければならないことは，あくまでも精神保健福祉士はソーシャルワークを基盤とする社会福祉の専門職であり，同法に定められている「地域相談支援」や「相談援助」が基本的業務となる。もちろん支援チームの一員として精神科医療や治療について一定の専門的な知識や技術が必要だが，本来のミッションは精神障害がある人々等への生活支援である。

　なお，精神保健福祉士や社会福祉士は**名称独占資格**であり，登録による有資格者がその名称を用いることができる。医師や看護師のように，有資格者のみが携わることができる業務独占資格ではない。しかしながら，実質的には精神保健福祉士としての業務にあたるため，法律による配置規定（退院後生活環境相談員等）や診療報酬上の基準や要件による有資格者が必要とされる場合が大半である。

2　精神保健福祉士法が成立した背景

　従来，精神科ソーシャルワーカーと呼ばれていたソーシャルワーク専門職は，精神保健福祉士として国家資格化されることになった。その背景には，「**障害者基本法**」，「地域保健法」，「**精神保健及び精神障害者福祉に関する法律**」（**精神保健福祉法**），「障害者プラン」によって規定されることになった精神障害者の人権擁護と地域生活支援の推進，さらに病状的に退院は可能であるが地域の受け入れが整わないために入院を余儀なくされる社会的入院の解消を図っていくうえで，精神保健福祉領域に従事するソーシャルワーカーの確保が質量ともに急務になった等の理由がある。[(1)]

　この間の相次ぐ法改正等は，精神保健福祉士の国家資格誕生と同時に今後の精神保健福祉を方向づけるターニングポイントの時期でもあった。まず，1993（平成5）年12月に心身障害者対策基本法から改正し施行された障害者基本法は，障害者の定義としてはじめて精神障害が法規定の対象とされた。逆にとらえると，それまでは身体障害や知的障害と同じ障害者としての位置づけではなかったのである。その意味においては，精神障害者の福祉は他の障害に比べて大きく遅れていたともいえる。さらに，1994（平成6）年7月に保健所法からの改正により地域保健法が施行された。都道府県と市町村の役割分担が明確化され，精神保健福祉領域においても保健所が広域的・専門的・技術的推進の拠点を担うようになった。今後の精神保健福祉サービス提供において，より身近な市町村でのサービスにシフトチェンジが図られるようになったといえるであろう。

　そして1995（平成7）年5月に，それまでの精神保健法が精神保健及び精神

障害者福祉に関する法律に改正された。法律名に福祉の文言が加わった意味は大きく，同法の目的において精神障害者の「自立と社会経済活動への参加の促進のために必要な援助」を行うことが明確に位置づけられ，これまでの保健医療に加えて福祉施策についても推進されることになった。同法では精神障害者保健福祉手帳制度も創設され，福祉サービスの拡充も図られた。

　続く同年12月に「障害者プラン──ノーマライゼーション7か年戦略」が提示され，精神障害者の社会復帰促進や地域における自立をより具体的なものにしていくため，リハビリテーションや生活支援の社会資源である精神障害者生活訓練施設（援護寮）や精神科デイケア施設の設置目標数も策定されている。

　1997（平成9）年12月に精神保健福祉士法が成立した背景には，このような障害者基本法から続く一連の施策に後押しされた精神障害に対する社会的な理解や支援システムの変化があったといえる。

3　精神保健福祉士の役割の明確化

（1）精神保健福祉士に求められる役割

　精神保健福祉士法が成立して約12年後の2010（平成22）年3月，厚生労働省において精神保健福祉士の今後の役割について見直しが行われ，次の4つが新たに示された[2]。①医療機関等におけるチーム一員として，治療中の精神障害者に対する相談援助を行う役割。②長期在院患者を中心とした精神障害者の地域移行を支援する役割。③精神障害者が地域で安心して暮らせるように相談に応じ，必要なサービスの利用を支援する等，地域生活の維持・継続を支援し，生活の質を高める役割。④関連分野における精神保健福祉の多様化する課題に対し，相談援助を行う役割についても求められつつある。

　これら4つの役割が求められる背景には，精神保健福祉施策の大きな方向性として「精神保健医療福祉の改革ビジョン」の提示，障害者自立支援法の成立があったといえよう。

　2004（平成16）年9月に提示された「精神保健医療福祉の改革ビジョン」は，受入条件が整えば退院可能な者（社会的入院）約7万人の10年後の解消を目指

すため，「入院医療中心から地域生活中心へ」という基本施策を明確にした。具体的には，わが国の精神疾患に関する国民意識の変革，精神医療体系と地域生活支援体系の再編，そして精神保健医療福祉施策の基盤強化を進める改革と施策を図るものとした。⁽³⁾

　続いて，2005（平成17）年10月に障害者自立支援法が成立したことによって，身体・知的・精神という障害種別による垣根を払い一元的な福祉サービスが提供されるようになった。この新たな支援システムによって，福祉サービスの計画的な整備が行われ，障害者の就労支援や地域生活への移行が強化された。

　以上のような施策の進展によって，精神保健福祉士にはこれまで以上にソーシャルワーカーとして相談援助，地域移行支援の役割を担うことが求められるようになった。

（2）精神保健福祉士法の見直し

　2009（平成21）年7月，障害者自立支援法施行3年後の見直しによる「障害者自立支援法等の一部を改正する法律案」が衆議院解散に伴い廃案となり，2010（平成22）年12月3日「障がい者制度改革推進本部等における検討を踏まえて障害保健福祉施策を見直すまでの間において障害者等の地域生活を支援するための関係法律の整備に関する法律」が成立した。同法において精神保健福祉士は，精神障害者の**地域生活**における**相談支援**を担うことが明確に規定され，⁽⁴⁾同時に精神保健福祉士法の改正が行われている。

　2011（平成23）年4月に施行された精神保健福祉士法の主な改正内容は，表4-1の通りである。

　同法改正によって，精神保健福祉士の業務は法的にも精神障害者の地域生活支援を担う役割が明確化された。具体的にいえば，精神保健福祉士は地域を基盤にした精神障害者のケース（ケア）マネジメントやリハビリテーション等を推進する専門職であり，援助や支援展開として**コミュニティソーシャルワーク**を駆使していくスキルが重要になると考えられる。

表4-1　2011年施行の精神保健福祉士法の主な改正内容

条　項	改正された内容
第2条（定義）	精神保健福祉士の定義として，「地域相談支援の利用に関する相談その他」が追加された。
第38条の2（誠実義務）	表4-2にて記載。
第41条第1項（連携等）	精神保健福祉士の連携等として，従前の「医師その他の医療関係者」から，「その担当する者に対し，保健医療サービス，（中略）障害福祉サービス，地域相談支援に関するサービスその他のサービスが密接な連携の下で総合的かつ適切に提供されるよう，これらのサービスを提供する者その他の関係者等」に改められた。
第41条の2（資質向上の責務）	表4-2にて記載。

注：下線部は，筆者による。また，第38条の2（誠実義務）と第41条の2（資質向上の責務）は，表4-2にて記載している。
出所：精神保健福祉法より筆者作成。

4　精神保健福祉士が携わる分野と義務

（1）精神保健福祉士が携わる分野

　では，これまで見てきたソーシャルワーカーとしての役割を担いつつ，実際に精神保健福祉士として活動するフィールドはどのような機関となるだろうか。日本精神保健福祉士協会では業務を展開する分野として，図4-1のように医療，行政，地域，産業，学校教育に分類している。⁽⁵⁾

　精神保健福祉士が従事する医療分野としては，精神科病院，精神科診療所，総合病院の精神科等があげられる。精神保健福祉士は，精神科医師や看護師，作業療法士，公認心理師等で構成される精神科医療チームの一員としてソーシャルワークを担う専門職となる。

　行政分野においては，都道府県や政令指定都市に必置される精神保健福祉センター，都道府県，政令指定都市や特別区，中核市等に設定されている保健所，また各市町村に配置される市町村保健センターがあげられる。さらに，司法分野や災害分野における精神保健福祉士の活躍もある。行政機関の職員として，精神保健福祉法や「障害者の日常生活及び社会生活を総合的に支援するための

【産業分野】 企業内健康保健関連部署 EAP 支援機関 医療機関のリワーク・デイケア ストレスケア病棟等	【学校教育分野】 教育委員会 小学校・中学校 高等学校・大学等	※【産業分野】と【学校教育分野】は，精神保健福祉士業務指針及び業務分類第3版にて追加されている。
【医療分野】 精神科病院 精神科診療所 総合病院（精神科）等	【行政分野】 精神保健福祉センター 市町村保健センター 保健所 都道府県・市町村の障害保健福祉担当部局等	【地域分野】 相談支援事業所 就労支援事業所 地域活動支援センター 障害者就業・生活支援センター グループホーム等

図 4-1　精神保健福祉士が携わる主な分野

出所：日本精神保健福祉士協会（2020）「精神保健福祉士業務指針　第3版」76頁より筆者作成。

法律」（障害者総合支援法）等の法律に基づく法定業務や相談業務等を担うことになる。

　地域分野では，障害者総合支援法による相談支援事業所や就労支援事業所，地域活動支援センター等があげられる。ソーシャルワーカーとして，利用者が地域で暮らしていくためのコーディネーターやケア提供者としてダイレクトにその関わりを担うことになる。

　産業分野と学校教育分野は，2014（平成26）年の第2版の精神保健福祉士業務指針及び業務分類から変更され，新たに2020（令和2）年の改訂第3版から加えられた分野となっている。近年ストレスケアで着目されるようになってきた産業分野では，従業員援助プログラムと訳される EAP（Employee Assistance Program）支援機関，医療機関のリワークやデイケア等があげられる。また，これも近年ソーシャルワーク機能が必要とされている学校教育分野では教育委員会，小学校，中学校，高等学校等でのスクールソーシャルワーカーの配置があげられる。

　ただし，地域分野においての障害福祉サービスと学校教育分野におけるソーシャルワーカーは，社会福祉士も同様に担い手であることから，精神保健福祉士として重なり合う分野と考えてもよいだろう。

　精神保健福祉士が携わる分野は，ソーシャルワーカーのなかでもどちらかといえば医療領域に近いスペシフィックなイメージを抱くかもしれないが，実際はそれだけではない。精神障害に関する治療，リハビリテーションやケア等の専門的知識をベースとしながら，昨今は地域分野をはじめとする多様なフィールドと職域の広がりが見られる。

（2）精神保健福祉士の支援対象

　ここまで精神保健福祉士が携わる分野と役割を見てきたが，さらに精神保健福祉士はどのような人々（対象）を支援することになるのかイメージをもってほしい。日本精神保健福祉士協会は，業務指針において精神保健福祉士の実践対象を次のように示している。[6]①精神医療および精神保健福祉サービスを必要とする人々。②精神障害のために，日常生活や社会生活において制限を受けている人々。③精神障害のために，権利侵害や差別などを受けている人々。④メンタルヘルスの課題を抱え，精神保健福祉サービスや支援を必要とする人々。⑤生活課題を潜在的にもち生きづらさを抱えつつ必要な支援が届いていない人々。⑥メンタルヘルスの増進，精神疾患・精神障害の予防（国民全体）。

　これらを2つに区分すると，1つは①～③にあたる精神障害がある人々を対象とし，もう1つは④～⑥にあたるメンタルヘルスの困難による福祉サービスを必要とする人々を対象としていると思われる。

　区分した①～③の実践対象は，精神保健福祉士法第2条の定義にある通り，精神障害者の地域における相談支援をいかに展開していくかが精神保健福祉士に問われている。精神保健医療福祉においても，地域移行は重要なキーワードである。たとえば，2013（平成25）年の精神保健福祉法改正で新設された精神科病院における退院後生活環境相談員の配置は，精神保健福祉士のソーシャルワーカーとしての役割や機能の実践を大きく期待するものである。

　区分した④～⑥の実践対象は，メンタルヘルスに関わる実践課題として，依存症，不登校，いじめ，DV，虐待，**ヤングケアラー**も含む介護，社会的孤立，生活困窮，ひきこもり，自死問題等の生きづらさを抱える人々への支援が問われている。近年ますます厳しさを増す社会情勢下では，このような社会的に弱

表４-２　精神保健福祉士法に規定される義務

条　項	義務の内容
第38条の２（誠実義務）	精神保健福祉士は，その担当する者が個人の尊厳を保持し，自立した生活を営むことができるよう，常にその者の立場に立って，誠実にその業務を行わなければならない。
第39条（信用失墜行為の禁止）	精神保健福祉士は，精神保健福祉士の信用を傷つけるような行為をしてはならない。
第40条（秘密保持義務）	精神保健福祉士は，正当な理由がなく，その業務に関して知り得た人の秘密を漏らしてはならない。精神保健福祉士でなくなった後においても，同様とする。
第41条（連携等）第１項	精神保健福祉士は，その業務を行うに当たっては，その担当する者に対し，保健医療サービス，障害者の日常生活及び社会生活を総合的に支援するための法律第５条第１項に規定する障害福祉サービス，地域相談支援に関するサービスその他のサービスが密接な連携の下で総合的かつ適切に提供されるよう，これらのサービスを提供する者その他の関係者等との連携を保たなければならない。
第41条（連携等）第２項	精神保健福祉士は，その業務を行うに当たって精神障害者に主治の医師があるときは，その指導を受けなければならない。
第41条の２（資質向上の責務）	精神保健福祉士は，精神保健及び精神障害者の福祉を取り巻く環境の変化による業務の内容の変化に適応するため，相談援助に関する知識及び技能の向上に努めなければならない。

注：第41条第１項（連携等）は，表４-１の一部再掲となる。
出所：精神保健福祉法より筆者作成。

い立場に置かれたマイノリティへのソーシャルワーク実践が求められるであろう。

　また同時に，精神保健福祉士の専門性への警句として，「精神疾患とその治療構造，対象特性に関する基礎理解に欠けていては何の働きもできないばかりか有害でさえあろう[7]」と指摘されている。精神保健福祉士はソーシャルワークを基盤とすることを忘れてはならないが，他方で支援を担うためには精神科医療や精神保健，リハビリテーションの専門性も欠かすことはできない。

（３）精神保健福祉士の義務

　精神保健福祉士は，国家資格に位置づけられる専門職として法的な義務もある。表４-２は，精神保健福祉士法に定められている**精神保健福祉士の義務**で

ある。

　「誠実義務」「信用失墜行為の禁止」「秘密保持義務」「連携等」「資質向上の
責務」は，社会福祉士にも課される義務規定でもあり，ソーシャルワーカーは
それだけ高い倫理性が求められる。

　また，社会福祉士と異なる精神保健医療福祉領域における義務規定として，
第41条第2項において「主治の医師があるときは，その指導を受けなければな
らない」と定められている。たとえば，精神保健福祉士に近接する専門職であ
る公認心理師においても，公認心理師法により主治の医師による指示を受けな
ければならないと規定されている。また，医療専門職である看護師や作業療法
士等は，医師の指示により診療の補助を行うものとされる。

　このように，精神保健医療福祉に参画する専門職は，精神科医療や治療につ
いての正しい理解とチームアプローチが実践の基本となることが示されている。
ただし，精神保健福祉士の連携規定の場合は，「指示」ではなく「指導」で
あって，ソーシャルワーカーとして一定の裁量的な役割が考慮されていると考
えられる。

注
⑴　古屋龍太（2014）「充実期（1989年～1999年）11年間～精神保健法施行（平成の
　　始まり）から国家資格化まで～」日本精神保健福祉士協会50年史編集委員会編『日
　　本精神保健福祉士協会50年史』公益社団法人日本精神保健福祉士協会，23～28頁。
⑵　厚生労働省（2010）「精神保健福祉士養成課程における教育内容等の見直しにつ
　　いて」（https://www.mhlw.go.jp/seisakunitsuite/bunya/shougaihoken/seisinhoken/
　　dl/seisinhoken01.pdf　2022年2月5日閲覧）3頁。
⑶　厚生労働省（2004）「精神医療福祉の改革ビジョン（概要）」（https://www.mhlw.
　　go.jp/topics/2004/09/dl/tp0902-1a.pdf　2022年2月5日閲覧）1～7頁。
⑷　厚生労働省（2010）「障がい者制度改革推進本部等における検討を踏まえて障害
　　保健福祉施策を見直すまでの間において障害者等の地域生活を支援するための関係
　　法律の整備に関する法律の概要」（https://www.mhlw.go.jp/seisakunitsuite/bunya/
　　hukushi_kaigo/shougaishahukushi/kaiseihou/dl/gaiyou.pdf　2022年2月5日閲覧）
　　10頁。
⑸　日本精神保健福祉士協会（2020）「精神保健福祉士業務指針　第3版」（https://

www.jamhsw.or.jp/ugoki/hokokusyo/20201031-gyoumu3/all-gyoumu3.pdf　2022年
2 月 5 日閲覧）76頁。
(6)　(5)と同じ，15頁。
(7)　田中英樹（2001）『精神障害者の地域生活支援——統合的生活モデルとコミュニ
　　ティソーシャルワーク』中央法規出版，88頁。

学習課題
①　社会福祉士と精神保健福祉士が所属する機関の違いについて調べてみよう。
②　精神保健福祉における他専門職（看護師，作業療法士，公認心理師等）の役割に
　　ついても調べてみよう。

キーワード一覧表

☐　**精神保健福祉士法**　1997年に成立した精神保健医療福祉領域におけるソーシャ
　　ルワーカーの国家資格名称である。　　　　　　　　　　　　　　　　　50
☐　**名称独占資格**　国家資格において，有資格者がその名称を用いることができる
　　法的な規制である。　　　　　　　　　　　　　　　　　　　　　　　51
☐　**障害者基本法**　1970年の心身障害者対策基本法の改正法として，1993年に施行
　　された。障害者の定義として，精神障害が規定された。　　　　　　　　51
☐　**精神保健及び精神障害者福祉に関する法律（精神保健福祉法）**　1987年の精神
　　保健法の改正法として，1995年に施行された。これまでの精神障害に関する
　　保健医療施策に加えて，福祉施策の推進が図られた。　　　　　　　　　51
☐　**地域生活における相談支援**　精神保健福祉士法第 2 条による精神保健福祉士の
　　役割を表すキーワードである。　　　　　　　　　　　　　　　　　　53
☐　**コミュニティソーシャルワーク**　地域における顕在的・潜在的な生活上のニー
　　ズを把握し，生活上の課題を抱えている人々に向けたソーシャルワーク実践
　　を行うこと。　　　　　　　　　　　　　　　　　　　　　　　　　　53
☐　**ヤングケアラー**　本来は大人が担う家族のケアや家事について，18歳未満の子
　　どもが日常的に行っていることを指す。　　　　　　　　　　　　　　56
☐　**精神保健福祉士の義務**　「誠実義務」「信用失墜行為の禁止」「秘密保持義務」
　　「連携等」「資質向上の責務」が法で規定されている。　　　　　　　57

第5章

福祉に携わるさまざまな専門職

　社会福祉に関する仕事には，社会福祉士や精神保健福祉士のような社会福祉専門職の存在が欠かせない。その一方で，それらの社会福祉専門職のみが懸命に努力するだけでは，支援の対象となるクライエントに対して最善の支援を行うことは難しい。クライエントに対してよりよい支援を展開していくためには，福祉に携わるさまざまな専門職による支援が必要不可欠である。また，社会福祉専門職は，福祉に携わるさまざまな専門職と連携，協働することが今日ではより求められているのである。

　では，社会福祉に携わる専門職にはどのような職種があり，それらはいかなる仕事をしているのであろうか。本章では，数多くある福祉に携わるさまざまな専門職をいくつかの基準で分類して紹介していく。

ミニワーク
　読者のみなさんは，これまでさまざまな対人援助に携わる職種に出会い，また，メディア等でその存在を知ってきたことだろう。ここでは福祉に携わるさまざまな専門職について，あなたが知っている職種を可能な限りあげてみよう。
　また，それらの資格は国家資格，法定資格，任用資格，民間資格のどれに該当するだろうか。各自で整理してみよう。

1　福祉に携わるさまざまな専門職と国家資格

　福祉に携わる専門職がもつ資格には，大きく分類して国家資格，法定資格，任用資格，民間資格がある。読者のなかには，福祉に携わり，支援をしていく専門職であることは変わらないのに，なぜこのような分類が生じるのであろうかと疑問をもつ人もいるだろう。もちろん，さまざまな専門職が利用者の幸福のために懸命に努力をしていることには変わりはない。ここでは，上にあげた分類において，それぞれ代表的な職種をいくつかあげることによって，その位置づけを明確にしていきたい。

　まず，**国家資格**はどのように定義づけられているのかを見てみよう。文部科学省によると，国家資格とは，「国の法律に基づいて，各種分野における個人の能力，知識が判定され，特定の職業に従事すると証明される資格」「法律によって一定の社会的地位が保証されるので，社会からの信頼性は高い[1]」と記載されている。

　国家資格は，国が法律によって規定を行うところにその特徴がある。また，国家資格をもっていることは，国がその資格をもつ者に対して法律に基づいた試験を突破したというお墨付きを与えるため，上記のように社会からの高い信頼を得ることができる。

　また，国家資格は法律で設けられている規制の種類によって，以下のように分類することができる。

---

①　業務独占：業務独占とは，国家資格をもたない者が，その名称を使用して当該の業務に従事することができないことを指す。
②　名称独占：名称独占とは，資格をもっていない者が当該の資格名を使用して当該業務に従事することはできないものの，資格がない者であっても，その資格の名称を用いなければ当該業務に従事することができることを指す。

　以下では上記の分類に従って，福祉に携わるさまざまな国家資格の専門職について紹介していく。

（1）介護福祉士

　世の中では，「福祉」という言葉を聞くと，介護と結びつけて考える方も多いのではないだろうか。介護福祉士は，1987（昭和62）年に制定された社会福祉士及び介護福祉士法に規定された国家資格である。この法律のなかで介護福祉士は，「介護福祉士の名称を用いて，専門的知識及び技術をもつて，身体上又は精神上の障害があることにより日常生活を営むのに支障がある者につき心身の状況に応じた介護（中略）を行い，並びにその者及びその介護者に対して介護に関する指導を行うこと（中略）を業とする者をいう」（第2条第2項）と位置づけられている。この資格は名称独占の国家資格である。

　介護福祉士が国家資格化された背景の1つには，日本社会が少子高齢化によって高齢者が増加したことがある。また，資格制度ができる以前の日本は，高齢となった親のお世話は子どもが行うべきであるとする文化があった。資格制度の創設は，今後の高齢者に対する介護を社会全体で支えていこうとする国の決意を示すものであったといえよう。社会福祉士等のソーシャルワーカーは，主に高齢者福祉施設において介護福祉士と一緒に仕事をしている。ソーシャルワーカーは利用者に対し，利用手続きや家族との連絡調整など主に間接的に接するのに対し，介護福祉士は，利用者を直接ケアすることが主な仕事となる。これらの仕事は，どちらも重要なものであり，片方が欠ければ利用者の生活は成り立たない。ともに福祉職として，利用者の生活を支えていくためには，両者の連携・協働が欠かせない。

（2）保育士

　介護福祉士と並んで，福祉職の視点から利用者の生活を支える国家資格として保育士があげられる。読者のみなさんは，保育士の職場としてどのような場所をイメージするだろうか。多くの方がイメージする保育士の職場は保育所ではないだろうか。もちろん，保育所が保育士の主要な職場であることは間違いない。しかし，保育士の職場は，保育所に限らず，児童養護施設等の施設養護の場，子育て支援を担う公的機関など多岐にわたっている。

　保育士は，児童福祉法において定められた名称独占の国家資格である。そこ

では，「保育士の名称を用いて，専門的知識及び技術をもつて，児童の保育及び児童の保護者に対する保育に関する指導を行うことを業とする者をいう」（第18条の4）と位置づけられている。保育士の主な仕事は，子どもの日常的なケアを通して生活を支えることであるが，近年では複雑化する社会環境のなかで，子どもだけでなく，その保護者に対する支援にも期待が寄せられている。

　社会福祉士等のソーシャルワーカーは，主に児童養護施設等の施設養護の場等において保育士と接点をもつことになる。その他にも児童相談所の一時保護所や学童保育等，多様な領域で保育士は活躍している。社会福祉士等のソーシャルワーカーは，地域の子育て支援等の充実がより求められている今日において，より保育士と連携・協働する場面が増加していくであろう。

（3）医　師

　医師は，医師法において位置づけられている。医師は業務独占の国家資格である。医師は，チーム医療のなかでトップに位置する時代が長く続いてきたが，今日では，利用者に関わる医療福祉職は対等な立場であるとする考え方に社会は変化してきた。社会福祉士等のソーシャルワーカーは主に病院や老人保健施設等で医師とともに仕事をしていくこととなる。

（4）保健師

　保健師は，保健師助産師看護師法において規定されている。保健師の主な仕事は，地域住民の健康を守ることである。そのため保健師は，地域住民から健康に関する相談に応じたり，乳幼児健診を行ったり，健康に関する情報について地域住民に知ってもらうための活動を実施する。保健師は名称独占の国家資格である。なお，保健師になるためには，看護師の免許を取得している必要がある。

（5）看護師

　看護師も医師と同様に，多くの人が幼い頃から身近に接する対人援助職の1つである。看護師は，保健師助産師看護師法において規定されている。看護師

は病院をはじめ，さまざまな社会福祉施設にも数多く在職している。なお，看護師は業務独占の国家資格である。

（6）理学療法士

　理学療法士は，リハビリテーションを担う重要な専門職の1つである。理学療法士は，理学療法士及び作業療法士法に規定された名称独占の国家資格である。理学療法士は，病気や障害によって，身体を以前のように動かすことが難しくなった人に対するリハビリテーションを行うことが主な業務である。

（7）作業療法士

　作業療法士は，理学療法士及び作業療法士法において規定されている。作業療法士は，名称独占の国家資格である。作業療法士は理学療法士とは異なり，食事をすることや入浴をすること，歯を磨くことなどの応用的動作のリハビリテーションを担当する。近年では，教育現場や地域への進出も進んできている。さらに，作業療法士は身体だけでなく，精神に対するリハビリテーションも担当する。そのため，精神障害の領域で活躍する作業療法士も多い。

（8）言語聴覚士

　言語聴覚士は，理学療法士，作業療法士の国家資格が制定された後も長らく資格制度が整わず，1997（平成9）年になってようやく国家資格化された。言語聴覚士の活躍の場は，病院，老人保健施設，訪問看護事業所などの医療・福祉機関や学校等の教育機関など多岐にわたる。言語聴覚士法において規定されている。言語聴覚士は名称独占の国家資格である。

（9）公認心理師

　心理に関する資格では臨床心理士が比較的長い歴史をもっているが，それは国家資格ではなく，日本臨床心理士資格認定協会が認定する公的資格である。一方，公認心理師は名称独占の国家資格である。公認心理師は，医療機関や学校，企業などにおいて幅広く活躍している。公認心理師は公認心理師法におい

て定義されている。

2　福祉に携わるさまざまな専門職と法定資格

　法定資格は，国家資格と民間資格の中間に位置する資格である。ここでは，福祉に携わるさまざまな専門職のなかで法定資格に分類される代表的な職種を紹介する。

（1）介護支援専門員

　介護支援専門員（ケアマネージャー）は，2000（平成12）年にスタートした介護保険制度において重要な役割を果たすべく創設された法定資格である。介護保険法において規定されている。介護支援専門員になるには，まず医師，看護師，理学療法士，作業療法士，社会福祉士，精神保健福祉士，介護福祉士などの資格を有し，5年以上の実務経験が必要となる。その後，介護支援専門員実務研修受講試験に合格のうえ，実務研修を修了し，各都道府県の介護支援専門員名簿に登録することによって，介護支援専門員証が交付される。

（2）相談支援専門員

　介護支援専門員の活躍の場が高齢分野であるのに対し，相談支援専門員の主な活躍の場は障害分野である。相談支援専門員は，障害をもつ人が地域で自分らしく生活できるように，さまざまな社会資源を活用しながらサポートしていく。相談支援専門員になるための試験等はなく，相談支援業務や介護業務での実務経験の要件を満たしたうえで，相談支援従事者初任者研修を受講することが必要となる。相談支援専門員として配置後3年以上の実務経験がある者が，主任相談支援専門員研修を受けることによって主任相談支援専門員となることができる。

（3）里親支援専門相談員

　日本では，虐待等さまざまな事情により家庭で暮らすことが困難な子どもた

ちが暮らす場所は施設が多い。施設での生活は家庭での生活とは異なり、さまざまな決まり事や集団生活を維持していくための制約などがある。本来、子どもたちは家庭のなかで伸び伸びと暮らす権利があり、国も施設養護中心の現在のあり方から里親委託を積極的に進める方向へ政策を転換してきた。

　そのようななかで、2012（平成24）年に創設されたのが里親支援専門相談員である。里親支援専門相談員の役割は、①施設の入所児童の里親委託の推進、②退所児童のアフターケアとしての里親支援、③施設からの退所児童を含めた地域支援としての里親支援を行い、里親委託の推進および里親支援の充実を図ることである。[2]

　里親支援専門相談員になるには、社会福祉士もしくは精神保健福祉士の資格を有する者や、児童養護施設等において児童の養育に5年以上従事した者等の資格要件がある。また仕事内容は、里親の新規開拓、里親候補者の週末里親等の調整、里親への研修、里親家庭への訪問及び電話相談など多岐にわたる。

（4）家庭支援専門相談員

　家庭支援専門相談員はファミリーソーシャルワーカーとも呼ばれる。里親支援専門相談員と同じく、2012（平成24）年に創設された比較的新しい資格である。家庭支援専門相談員は、児童養護施設、乳児院、児童心理治療施設、児童自立支援施設に配置されている。その仕事内容は、対象児童の早期家庭復帰のための保護者等に対する相談援助業務、施設退所後の児童に対する継続的な相談援助、里親委託の推進のための業務、要保護児童の状況の把握や情報交換を行うための協議会への参画など多岐にわたる。[3]

　家庭支援専門員になるには、社会福祉士もしくは精神保健福祉士の資格を有する者や、児童養護施設等において児童の養育に5年以上従事した者等の資格要件がある。

（5）児童自立専門相談員

　児童自立専門相談員は、児童自立支援施設において活躍する職種である。児童自立支援施設とは、児童福祉法に規定された施設で、不良行為をなし、また

はなすおそれのある児童を入所または通所させて，子どもたちに対する指導や
その自立を支援するところである。

　児童自立専門相談員は児童の自立支援を行う者とされており，児童自立支援
施設において，必ず配置しなければならない職種の1つである。医師であって
精神保健に関して学識経験を有する者や，社会福祉士の資格を有する者などが
児童自立専門相談員になることができる。[4]

（6）福祉用具専門相談員

　福祉用具専門相談員は，日常生活において福祉用具を必要とする人に対し，
用具の選び方や使い方をアドバイスする職種である。介護保険法に基づく指定
を受けた福祉用具貸与・販売事業所では，各事業所において常勤換算で2名以
上の福祉用具専門相談員の配置が定められている。

　福祉用具専門相談員になるには，厚生労働大臣が指定する講習会を受講する
必要があり，その仕事内容は主に，選定相談（利用者に最適な福祉用具を選ぶ），
計画作成（利用者の抱える悩みや課題を解決するための計画を立てる），適合・取扱
説明（利用者にとって最適な福祉用具を選び，使い方の説明をする），訪問確認（利用
者が福祉用具を適切に使えているかチェックする）である。

（7）利用者支援専門員

　利用者支援専門員は，利用者支援事業のなかで活躍する職種である。利用者
支援事業は，子育て家庭や妊産婦が，教育・保育施設や地域子ども・子育て支
援事業，保健・医療・福祉等の関係機関を円滑に利用できるように，身近な場
所での相談や情報提供，助言等を行うとともに，関係機関との連絡調整等を目
的として行われている。

　上記の事業のなかで，利用者支援専門員は当該事業が行われる施設や事業所
等の職員と連携しながら，利用者の相談対応，助言・利用支援，ネットワーク
の構築や社会資源の開発などを行う。

（8）スクールソーシャルワーカー

　スクールソーシャルワーカーは，主に学校において活躍する職種である。学校のなかでは，スクールソーシャルワーカーに先行してスクールカウンセラーの配置が進んでいたが，今日では児童・生徒の抱える課題に対して環境面からサポートを行うスクールソーシャルワーカーの活躍する場が増加してきている。

　スクールソーシャルワーカーの活動形態は，1つの学校に固定して配置される「配置型」，教育委員会などに所属をしながら依頼があった際にそちらへ出向く「派遣型」，複数の学校を状況に応じて訪問する「巡回型」がある。

　スクールソーシャルワーカーになるために必ず必要となる資格はないが，近年では，社会福祉士や精神保健福祉士の資格を採用要件としている自治体も増加してきている。

（9）移動支援従事者

　読者のみなさんのなかには，移動支援従事者という職名を聞いて，聞き慣れないと感じている人もいるのではないだろうか。しかし，ガイドヘルパーという職名であれば馴染みがあるという人もいることだろう。

　移動支援従事者はガイドヘルパーとも呼ばれ，主に障害者の外出時支援に従事する。移動支援従事者になるには，養成研修として全身性，視覚，知的，精神の各課程があり，講義や演習，実習などが行われる。

（10）少年指導員および母子指導員

　少年指導員は，母子生活支援施設において活躍する職種である。母子生活支援施設は，配偶者（夫）からの暴力等によって経済的に困窮している母子を対象に生活の場を提供し，それをサポートしていくところである。

　少年指導員は，母子生活支援施設のなかで，子どもの日常生活へのサポートを中心として，支援計画の立案や，子どもからの相談を受けることによって子どもの発達の手助けを行う。

　一方，母子指導員が活躍する職場は，少年指導員同様，母子生活支援施設である。母子指導員は，少年指導員と協働しながら，主に母親に対して日常生活

の相談に応じ，関係機関と連携によって，就労に向けたサポートを行う。

（11）児童指導員

　児童指導員は，主に児童福祉施設において活躍する職種である。児童指導員は，児童福祉施設に通所または入所する子どもたちの健全な発達をサポートすることが主な仕事である。そのため，職務内容は職場によって異なるものの，子どもへの生活指導，子どもの学習の手助け，子どもたちの送迎，学校や児童相談所との連絡調整など，その業務は多岐にわたる。

（12）婦人相談員

　婦人相談員は主に婦人相談所において，配偶者からの暴力に悩む女性やストーカー被害に遭っている女性からの相談に応じる職種である。婦人相談員は，支援を必要とする女性に対し，関係機関と連携しながら問題解決への道を探っていくことが求められている。

3　福祉に携わるさまざまな専門職と任用資格

　任用資格とは，当該資格をもっているだけではその資格の効力を発揮することができず，特定の職業または職位に就いた際にはじめて資格としての力が発揮される資格である。以下では，福祉に携わるさまざまな専門職のなかから，代表的な任用資格をあげる。

（1）社会福祉主事

　社会福祉主事は，制度創設時，主に福祉事務所における生活保護ソーシャルワーカーのために作られたものであった。その後，同資格は，民間の社会福祉施設等に就職する際にも求められる機会が増加している。社会福祉主事の資格を取得するには，大学等において厚生労働大臣の指定する社会福祉に関する科目を 3 科目以上修めて卒業する，厚生労働大臣の指定する養成機関または講習会の課程を修了する等の方法がある。今日，社会福祉主事の資格は，福祉行政

機関における福祉専門職の「基礎的資格」となっている。

（2）児童福祉司

　児童福祉司が主に活躍する職場は児童相談所である。児童相談所には，児童福祉司を置かなければならない。児童福祉司は，子どもやその保護者からの福祉に関する相談に応じること，必要な調査，社会診断を行うことなどを職務としている。近年，児童虐待に関する事件がたびたび報道され，児童相談所の対応を非難する見解を聞いたことのある読者も多いのではないだろうか。増加する児童虐待に対応する児童福祉司の人員不足が指摘されるなかで，児童福祉司の採用を増やす自治体も見られるようになってきた。

（3）身体障害者福祉司

　身体障害者福祉司が主に活躍する職場は身体障害者更生相談所である。身体障害者福祉司の職務は，身体障害者やその家族等からの相談に応じることや，さまざまな関係機関と連携しながら，利用者がよりよい生活を送れるようにサポートすることである。

（4）知的障害者福祉司

　知的障害者福祉司は主に知的障害者更生相談所において，知的障害者からの生活上の問題をソーシャルワークの視点から解決・緩和していくことを業務としている。ここでの「生活上の問題」とは，知的障害者の教育に関することや働くこと，病気のことなど多岐にわたる。

（5）児童心理司

　児童心理司は，主に児童相談所において心理学の視点から心理判定に携わる職員である。児童心理司は，かつて心理判定員との名称で業務を行っていた。児童心理司は，子どもや保護者等との面談や心理検査等を多職種との連携によって実施する。児童心理司は心理学の専門家として仕事を行うことで利用者支援に貢献する。

4　福祉に携わるさまざまな専門職と民間資格

民間資格とは，民間団体や企業等が独自の審査基準を設けて任意で認定する資格である。ここでは，福祉に携わるさまざまな専門職のなかで，代表的な民間資格を以下にあげる。

（1）臨床心理士

臨床心理士は，日本臨床心理士資格認定協会が実施する試験に合格し，認定を受けることによって取得することができる資格である。臨床心理士は医療機関や学校等において，臨床心理査定（種々の心理テストや観察面接を通して，個々人の独自性，個別の特徴や問題点を明らかにすること），臨床心理面接（臨床心理士と利用者の面接），臨床心理的地域援助（個人だけでなく，地域住民や学校，職場などに所属する人々の心の健康に貢献すること）等を行っている。[5]

（2）福祉住環境コーディネーター

福祉住環境コーディネーターは，東京商工会議所が認定する民間資格である。福祉住環境コーディネーターとは，高齢者や障害者に対して住みやすい住環境を提案するアドバイザーである。検定試験は1〜3級まであり，建設業や社会福祉に携わる人のみならず，高校生や大学生の受験者も多い。

（3）福祉レクリエーション・ワーカー

福祉レクリエーション・ワーカーは，日本レクリエーション協会の認定資格である。福祉レクリエーション・ワーカーの仕事は，高齢者や障害者などを対象としてより快適な生活および余暇活動を行えるように，レクリエーション活動を企画・運営していくことである。

（4）児童厚生指導員

児童厚生指導員は，児童健全育成推進財団が認定し推進している資格である。

児童厚生指導員が活躍する職場は，主に児童館，放課後児童クラブ等である。資格は3段階であり，第1段階として児童厚生二級指導員，第2段階として児童厚生一級指導員，児童厚生一級特別指導員，第3段階として，児童健全育成指導士がある。

注
(1)　文部科学省「国家資格の概要について」(https://www.mext.go.jp/b_menu/shingi/chousa/shougai/014/shiryo/07012608/003.htm　2021年11月10日閲覧)。
(2)　厚生労働省雇用均等・児童家庭局長「家庭支援専門相談員，里親支援専門相談員，心理療法担当職員，個別対応職員，職業指導員及び医療的ケアを担当する職員の配置について」(https://www.mhlw.go.jp/bunya/kodomo/pdf/tuuchi-70.pdf　2021年11月18日閲覧)。
(3)　(2)と同じ。
(4)　「児童福祉施設の設備及び運営に関する基準」(https://elaws.e-gov.go.jp/document?lawid=323M40000100063　2021年11月24日閲覧)。
(5)　日本臨床心理士資格認定協会「臨床心理士の専門業務」(http://fjcbcp.or.jp/rinshou/gyoumu/　2021年11月27日閲覧)。

参考文献
齋藤明彦 (2019)「市町村の福祉行政専門職員の配置の必要性と求められる市町村福祉行政の機能及び福祉行政専門職員の能力」『岩手県立大学社会福祉学部紀要』21，11〜23頁。
立花直樹・中村明美・松井剛太・井上和久編著 (2019)『障害児の保育・福祉と特別支援教育』ミネルヴァ書房。
立花直樹・波田埜英治・家高将明編著 (2021)『社会福祉──原理と政策』ミネルヴァ書房。
畑本裕介 (2012)『社会福祉行政──行財政と福祉計画』法律文化社。
山縣文治・柏女霊峰編 (2013)『社会福祉用語辞典　第9版』ミネルヴァ書房。

学習課題
①　福祉に携わるさまざまな専門職の職務内容についてまとめてみよう。
②　社会福祉士や精神保健福祉士と，福祉に携わるさまざまな専門職はどこで連携するのか調べてみよう。

キーワード一覧表

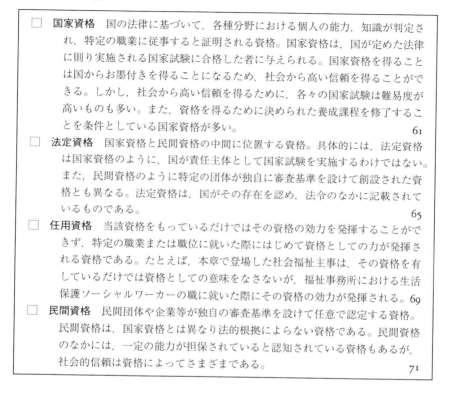

☐　**国家資格**　国の法律に基づいて，各種分野における個人の能力，知識が判定され，特定の職業に従事すると証明される資格。国家資格は，国が定めた法律に則り実施される国家試験に合格した者に与えられる。国家資格を得ることは国からお墨付きを得ることになるため，社会から高い信頼を得ることができる。しかし，社会から高い信頼を得るために，各々の国家試験は難易度が高いものも多い。また，資格を得るために決められた養成課程を修了することを条件としている国家資格が多い。　　　　　　　　　　　　　　　61

☐　**法定資格**　国家資格と民間資格の中間に位置する資格。具体的には，法定資格は国家資格のように，国が責任主体として国家試験を実施するわけではない。また，民間資格のように特定の団体が独自に審査基準を設けて創設された資格とも異なる。法定資格は，国がその存在を認め，法令のなかに記載されているものである。　　　　　　　　　　　　　　　　　　　　　65

☐　**任用資格**　当該資格をもっているだけではその資格の効力を発揮することができず，特定の職業または職位に就いた際にはじめて資格としての力が発揮される資格である。たとえば，本章で登場した社会福祉主事は，その資格を有しているだけでは資格としての意味をなさないが，福祉事務所における生活保護ソーシャルワーカーの職に就いた際にその資格の効力が発揮される。69

☐　**民間資格**　民間団体や企業等が独自の審査基準を設けて任意で認定する資格。民間資格は，国家資格とは異なり法的根拠によらない資格である。民間資格のなかには，一定の能力が担保されていると認知されている資格もあるが，社会的信頼は資格によってさまざまである。　　　　　　　　　　　71

第Ⅱ部

ソーシャルワークの実践を支える
理念・原理

第 6 章

ソーシャルワークの定義

　本章では，ソーシャルワークとは何か，ソーシャルワークを学ぶにあたって世界基準としての拠り所となるソーシャルワーク専門職のグローバル定義について理解を深めてほしい。より具体的には，ソーシャルワークの構成概念は，「生活・支援・過程」とまとめることができること，実践・臨床のなかにこそソーシャルワークの本質が存在することを感じ，学んでほしい。ソーシャルワークは，社会福祉と同義のように考えられることもあるが，それらの違いやさまざまなソーシャルワークの定義についても理解してほしい。

ミニワーク
　本章のなかには，ソーシャルワークの定義に関するエッセンスがたくさんあります。もしも自分がソーシャルワークとは何かと定義するとしたら，どのようなキーワードが必要になるか考えてみましょう。そして，それらのキーワードをもとにして，「ソーシャルワークとは，〜である。」と，1つの文章にまとめてみましょう。きっと，自分が大切にしていること，大切にしたいことなどに気づくことができると思います。

　ソーシャルワークとは

　　　　　　　　　　　　　　　　　　　　　　　　　　　　　　である。

1　ソーシャルワークの構成概念とその背景

（1）ソーシャルワークの構成概念

　ソーシャルワークを一言でまとめると，「生活・支援・過程」である。すなわち，生活を支援する過程に着目するところにソーシャルワークの特性がある。そこで，生活・支援・過程に分解してそれぞれの特徴を整理してみたい。

　私たちは，当たり前のように「生活」という言葉を使っているが，生活とは何かと問われたら回答に迷うことも少なくないだろう。

　「生活（life）」とは，広辞苑によると「生存して活動すること。世の中で暮らしてゆくこと[1]」である。窪田暁子は，英語の life をそのまま生活と訳すことが常に最適であるとは限らないと前置きをしたうえで，生活を「生命活動」「日々の暮らし」「生涯」の3つの次元でとらえている[2]。さらに，life を「生」と訳すことで，「生活」よりもはるかに深く，3つの次元（「生命活動」「日々の暮らし」「生涯」）の内容をともに含んでいることの重みを伝えることができるように思うと述べている[3]。それは，生の延長線上に死が訪れるとしてとらえるならば，その人の生涯，あるいは生命活動は，日々の暮らしの積み重ねであり，流れをもって構成されている生の営みや生きざまそのものだからと考えることができる。

　つぎに「支援（enhancement）」とは，援助（help, support）としての「助ける」といった論理ではなく，利用者とソーシャルワーカーが，ともに悩んで考えていくこと（参加と協働，共感と敬意）を通して課題を解決し，あるいは，自己実現を目指すためにソーシャルワークの方法や技術を用いてよりよい生活へと高めていくことである。それは同時に，利用者側にも「～してもらう」といった受け身ではなく，ともに生きるための責任を担うこと，つまり利用者の責任性も含まれていることを意味している。

　すなわち，人間の尊厳に重点を置き，利用者とソーシャルワーカーとのパートナーシップの関係において，支援をプロセスとしてとらえていくことが，支援の本来の意味なのである。

そして，ソーシャルワークの特性そのものを示す実践概念が「過程（process）」である。それは，生活支援のプロセス，過程を重視することを意味している。

すなわち，ソーシャルワークは利用者とソーシャルワーカーが一緒になって取り組んでいくプロセスであり，一方的な支援ではない。ときに，前に進むこともあれば，戻ることもある。ソーシャルワークには，流れがあり，その過程の入り口は，①ケースの発見からはじまり，②インテーク（エンゲージメント），③アセスメント（問題の把握，ニーズの確定，目標の設定），④プランニング（支援の計画），⑤インターベンション（支援の介入・実施），⑥モニタリング（支援の経過観察），⑦再アセスメント，⑧エヴァリュエーション（評価），⑨ターミネーション（終結）の支援プロセスを循環しながら展開されるのである。

（2）社会福祉とソーシャルワークの混乱

社会福祉＝ソーシャルワークではない。社会福祉とソーシャルワークは，同義として扱われやすいため，その理解に混乱が生じている。ソーシャルワークが社会福祉（社会事業）の訳語，あるいはケースワーク，グループワーク，コミュニティワークをはじめ，ケアマネジメントといったものをまとめた総称として間違って理解されている。

社会福祉の歴史として，社会福祉は，かつて社会事業といわれていた。それらも，人々の生活を対象としていたことは共通している。しかし，社会福祉（当時の社会事業）は，主に人々の生活をよくしていくための制度・政策の整備に焦点を当てていたと考えられる。その時どきの社会の情勢に応じてさまざまな制度・政策が整備されてきた歴史からも明らかである。たとえば，生活保護法は，戦後の貧困に苦しむ人々のために整備された。児童福祉法は，戦争で親を亡くした子どもたちのためであった。身体障害者福祉法は，戦争で負傷した兵士たちが戦地から帰還した頃に整備された。これらのことなどからも明らかなように，制度・政策として社会福祉が整備されてきたと理解できる。

そこで，歴史的に社会福祉は制度・政策として発展してきた経緯を踏まえて，社会福祉を「狭義の意味での制度・政策」と理解しておきたい。

（3）さまざまなソーシャルワークの定義

　ソーシャルワークは，さまざまな国や地域において，実践・研究がなされており，多くの定義が存在する。そのなかでも，代表的な定義やソーシャルワーカーについての定義を以下に紹介しておきたい。

全米ソーシャルワーカー協会の定義（1958）[4]

　「ソーシャルワーク実践は，すべての専門職の実践と同じように，価値（value），目的（purpose），サンクション（承認・支持）（sanction），知識（knowledge），および方法（method）という諸要素から構成されているものとみなされる。その1つの要素だけではソーシャルワーク実践の特性が示されないし，また，それぞれの要素はいずれもソーシャルワークだけに固有なものでもない。これらの諸要素がどのような特有な内容をもち，そして全体としてどのように配列されるかによって，ソーシャルワーク実践が形成され，他の専門職の実践との相違が示されることになる」

全米ソーシャルワーカー協会の定義（1973）[5]

　「ソーシャルワークは，個人・グループ・コミュニティーが，社会的機能を強化し，回復するように，これらの目標に対し，好ましい諸条件を創造するように援助する専門職の活動である」

ブトゥリムの定義（1976）[6]

　「ソーシャルワークは，その他の『援助専門職』と同様に，困難の予防と，それからの解放をとおして，人間の福祉の向上をはかることをめざしている。ソーシャルワークの固有の関心は，つねに，人間の生活の問題に向けられてきた。しかし，この関心のあらわれ方は，時代とともに，さまざまな理由で変化してきているのである」

第1回ソーシャルワーカーデー宣言（国民へのアピール）（2009）[7]

　「ソーシャルワークとは，基本的人権の尊重と社会正義に基づき，福祉に関する専門的知識と技術を用いて，生活上の困難や苦痛を有している人に寄り添い，その人と共にその困難や苦痛の解決を図り，一人ひとりの幸福と自立した生活の実現を支援することです。そして，このような支援を行う専門職のことをソーシャルワーカーと呼びます」

太田義弘の定義（ジェネラル・ソーシャルワーク）（2016）[8]

　「ソーシャルワークとは，人間と環境からなる利用者固有の生活コスモスに立脚し，平穏な社会生活の回復と実現を目標に，多様な支援方法による社会福祉サービ

スの提供，利用者自らの参加と協働する課題解決への支援活動であり，さらに社会の変動や生活の変化に対応した施策とサービスの改善・向上へのフィードバック活動を包括・統合した生活支援方法の展開過程である」

2　ソーシャルワークの定義の変遷

（1）国際的な定義の変遷

　ソーシャルワークは，1900年頃にアメリカで誕生しており，すでに100年以上の歴史がある。ソーシャルワークの国際的な定義は，これまでの歴史においてIFSW（国際ソーシャルワーカー連盟）による概ね3つ（1982年，2000年，2014年）の定義がある。

　また，個人や集団によってもソーシャルワークの定義や概念の提唱が試みられていたが，1955年に全米ソーシャルワーカー協会が結成されたときには，実践を考察していくための一般的な枠組みとして利用できるものはまったくなかったようである。そこで，全米ソーシャルワーカー協会が1958年に最初の公式化した定義（基礎的定義）を完成させた。しかし，この基礎的定義は，価値，知識，技法を列挙するだけにとどまっており，それぞれの要素の性格と相互の関係性を徹底的に検討する必要があった。

　ソーシャルワークの実践や定義の議論，広い意味でのソーシャルワークの発展は，アメリカなどの先進諸国で進められ，わが国はそれらを輸入し，独自に発展する形で今日につながっているといえる。そして，後述するソーシャルワーク専門職のグローバル定義では，先進諸国や西洋中心主義への反省も踏まえて採択されている。

1982年　ソーシャルワークの定義（IFSWの初の定義）[9]
　ソーシャルワークは社会一般とその社会に生きる個々人の発達を促す社会変革をもたらすことを目的とする専門職である。

2000年　ソーシャルワークの定義（IFSW & IASSW）[10]
　ソーシャルワーク専門職は，人間の福利（ウェルビーイング）の増進を目指して，社会の変革を進め，人間関係における問題解決を図り，人びとのエンパワーメント

と解放を促していく。ソーシャルワークは，人間の行動と社会システムに関する理論を利用して，人びとがその環境と相互に影響し合う接点に介入する。人権と社会正義の原理はソーシャルワークの拠り所とする基盤である。

2014年　ソーシャルワーク専門職のグローバル定義（IFSW & IASSW）[11]

　ソーシャルワークは，社会変革と社会開発，社会的結束，および人々のエンパワメントと解放を促進する，実践に基づいた専門職であり学問である。社会正義，人権，集団的責任，および多様性尊重の諸原理は，ソーシャルワークの中核をなす。ソーシャルワークの理論，社会科学，人文学，および地域・民族固有の知を基盤として，ソーシャルワークは，生活課題に取り組みウェルビーイングを高めるよう，人々やさまざまな構造に働きかける。

　この定義は，各国および世界の各地域で展開してもよい。

（2）グローバル定義の混迷

　IFSW と IASSW（国際ソーシャルワーク学校連盟）は，2014年7月にオーストラリアのメルボルンで開催された「ソーシャルワーク，教育及び社会開発に関する合同会議2014」において「ソーシャルワークのグローバル定義」を採択した。前定義から14年ぶりの改定である。改定が行われた背景としては，2000年の前定義の付帯決議にこの定義は10年有効であること，その後見直すことが示されていたことがある。

　ここで，新定義（グローバル定義）の混迷・不統一を指摘しておきたい。このグローバル定義の正式名称は，「ソーシャルワーク専門職のグローバル定義」とされているにもかかわらず，本文の最初では，「ソーシャルワークは」と表記されているのである。新たに定義されたのは，「ソーシャルワーク専門職」であるのか，それとも「ソーシャルワーク」なのかという疑問が生じてくる。この疑問を追究していくと，出口の見えない迷宮へと誘われるおそれがあるので，以下の表記をひとまず「グローバル定義」としておきたい。

　なお，本書の巻末に本文と注釈を含めた全文を掲載している。グローバル定義を紹介している論文や教科書などは数多いが，注釈まで掲載している文献は少ない。注釈には定義の中核となる概念や任務・原則・知・実践に関して詳しく記載されていることから，より深い理解へとつながると考えられる。

表6-1　グローバル定義の10のポイントと解説

10のポイント	解　説
ソーシャルワークの多様性と統一性	ソーシャルワークは，世界中の人びとの幸せのためにあり，各国および世界の各地域で展開してもよいとなっていることから，さまざまな文化や地域性などに鑑みての多様性と統一性が求められている。
西洋中心主義・近代主義への批判	発展途上国の意見や実情を尊重したと考えられる。
集団的責任の原理	集団的責任とは，①人々がお互い同士，そして環境に対して責任をもつ限りにおいて，人権が日常レベルで実現されること，②互いのウェルビーイングに責任をもち，人と人の間，そして人々と環境の間の相互依存を認識し尊重している状態，③人権（≒個人の権利）と集団的責任の共存，④共同体の中で互恵的な関係を確立することである。
マクロレベル（政治）の重視	ソーシャルワークには，個人への介入から政治的なものを含めたミクロからマクロまで広範囲に対応することが求められている。
当事者の力を重視（主役は当事者）	当事者の力と主体性を重視し，主役は当事者であることを強調している。
「ソーシャルワーク専門職」の定義？	定義のタイトルには，「ソーシャルワーク専門職」と表記されているが，本文では「ソーシャルワーク」となっており，主語が曖昧になっている。
専門職であり学問である	グローバル定義（新定義）において，はじめて「学問」でもあると位置づけられた。
知識ベースの幅広さと当事者関与	知識ベースとは，「ソーシャルワークの理論，社会科学，人文学，および地域・民族固有の知」を指し，定義の注釈において，より具体的に記載されている。
（自然）環境，「持続可能な発展」	人々が環境に対して責任をもつこと，自然環境の保全，将来にわたる**持続可能な発展**が重要であることを意味している。
社会的結束・安定	社会的結束とは，さまざまな人々で構成される社会における社会的・精神的な結びつきと理解しておきたい。

出所：社会福祉専門職団体協議会国際委員会（2014）「IFSW（国際ソーシャルワーカー連盟）の『ソーシャルワークのグローバル定義』新しい定義案を考える10のポイント」をもとに筆者作成。

（3）グローバル定義の10のポイント

　わが国では，社会福祉専門職団体協議会（日本ソーシャルワーカー協会，日本社会福祉士会，日本医療社会福祉協会，日本精神保健福祉士協会）の国際委員会によって「国際ソーシャルワーカー連盟（IFSW）の『ソーシャルワークのグローバル定義』新しい定義案を考える10のポイント」を2014（平成26）年に発表（後

にこの定義案が定義となっている）している⁽¹²⁾（表 6 - 1 ）。

3　実践に基づいた専門職であり学問であるために

（ 1 ）グローバル定義の概念解釈

　グローバル定義は，表 6 - 2 のように表にまとめることでより深い理解になる。

　これらについて少し説明を加える。

　①その基本は，実践に基づいた専門職（a practice-based profession）であり，1 つの独立した学問（an academic discipline）である。

　②目的は，自己実現と幸福の追求であり，人々が主体的に生活課題に取り組みウェルビーイング（well-being）を高められるよう人々に関わるとともに，ウェルビーイングを高めるための変革に向けて人々とともにさまざまな構造に働きかけることを意味している。

　③ソーシャルワーカーの中核となる任務には，社会変革・社会開発・社会的結束の促進，および人々の**エンパワメント**と解放がある。

　④原理・原則は，人間の内在的価値と尊厳の尊重，危害を加えないこと，集団的責任，多様性の尊重，人権と社会正義の支持である。

　⑤知は，科学をその最も基本的な意味で理解したい。ソーシャルワークの研究と理論の独自性は，その応用性と解放志向性にあり，利用者との双方向性のある対話的過程を通して共同で作り上げられてきたものである。また，ソーシャルワークは特定の実践環境や西洋の諸理論だけでなく，先住民を含めた諸民族固有の知にも拠っていることを認識している（西洋科学中心主義からの脱却）。ここでの「地域・民族固有の知（indigenous knowledge）」とは，世界各地に根ざし，人々が集団レベルで長期間受け継いできた知を指している。いわゆる「先住民」の知が特に重視されている⁽¹³⁾。

　⑥実践は，人間と環境（person in environment）との相互作用する接点に介入し，従来の「自立（independence）」よりも「自立し合ってお互いを尊重し合う（interdependence）」を目指す。また，さまざまな形のセラピーやカウンセリン

表6-2　ソーシャルワークの概念解釈

①	基本	実践に基づいた専門職であり，独立した学問である
②	目的	自己実現，幸福の追求
③	任務	社会変革，社会開発，社会的結束の促進，エンパワメントと解放
④	原理・原則	社会正義，人権，集団的責任，人間の内在的価値と尊厳，多様性の尊重
⑤	知	ソーシャルワークの理論，社会科学，人文学，地域・民族固有の知
⑥	実践	人間と環境との相互作用する接点に介入
⑦	対象	人間や社会構造
⑧	方法	人々とともに，参加と協働
⑨	展開	グローバル（世界），リージョナル（地域），ナショナル（国）
⑩	責任	この定義の価値や原則を守り，高め，実現すること

出所：筆者作成。

グ，グループワーク，コミュニティワーク，政策立案や分析，アドボカシーや政治的介入など，広範囲に及ぶ。解放を促進する観点から，人々の希望・自尊心・創造的力を増大させることを目指す。なお，2000年の定義にあった「人びとがその環境と相互に影響し合う接点に介入」の文面は，グローバル定義の本文では採用されていない（グローバル定義の注釈では簡単に触れられているが，本文からは消滅している）。

　⑦対象は，人間や社会構造であり，このグローバル定義をもとに，それに反しない範囲で，それぞれの置かれた社会的・政治的・文化的状況に応じた独自の定義を作ることができることとなった。これによって，ソーシャルワークの定義は，グローバル（世界レベル），リージョナル（世界の地域レベル），ナショナル（国レベル）と，重層的な展開となる。[14]

　⑧方法は，できる限り，「人々のために」ではなく，「人々とともに」働くという参加と協働である。

　⑨展開は，重層的なものであり，ソーシャルワークの定義をグローバル・リージョナル・ナショナルの3つのレベルで展開してもよい。

　⑩これら①〜⑨を守り，高め，実現することは，世界中のソーシャルワーカーの責任である。ソーシャルワーカーたちがその価値やビジョンに積極的に

関与することによってのみ，ソーシャルワークの定義は意味をもつのであり，固有な生活支援過程としてのソーシャルワークの意義を理解できるのである。

（2）アジア太平洋地域と日本における展開

　グローバル定義の重層的な展開という点では，わが国はアジア太平洋地域に属している。アジア太平洋地域とは，次のような特徴をもつ地域である。①異なるコミュニティと人々を代表している。②地域内移住に加え，地域固有および植民地化の歴史によって形成されてきた。③世界で最も豊かな国々の一部に加え，経済的に最も困窮している国々の一部もこの地域に含まれている。④異なる宗教的・哲学的・政治的な視点をもつ西洋と東洋，また南半球と北半球が交わる地域である。オーストラリアやニュージーランドに住む一部の人々，先住民族にとって，ソーシャルワーカーは「赤ん坊泥棒（baby snatcher）」と同義語であると思っている人もいるようであり，「ソーシャルワーカー＝いい人・優しい人」というイメージばかりではないようである。⑤気候変動，限りある資源の濫用，自然災害および人災による深刻な影響を受けてきた地域でありながらも，地域内の人々の**ストレングスとレジリエンス**が繰り返し示されている。

　アジア太平洋地域におけるソーシャルワークの展開において重視することについてまとめておきたい。

- ニーズが満たされ，人権と尊厳が守られることにより，すべての人々に適切な社会的な保護が提供されることを保障するにあたり，われわれ専門職によるケアと共感を実現する。
- 人々の生活における信仰，スピリチュアリティまたは宗教の重要性を容認し，またさまざまな信念体系を尊重する。
- 多様性を賞賛し，対立が生じた際に平和的な交渉を行う。
- ソーシャルワーク実践において，**クリティカル**で，研究に基づく実践／実践に基づく研究の諸アプローチとともに，地域内の民族固有の知およびローカルな知と営みを肯定する。
- 環境保全において革新的で，持続可能なソーシャルワークと社会開発実践を推進する。

　次に，日本における展開において重視することについてまとめておきたい。

- ソーシャルワークは，人々と環境とその相互作用する接点に働きかけ，日本に住むすべての人々の健康で文化的な最低限度の生活を営む権利を実現し，ウェルビーイングを増進する。
- ソーシャルワークは，差別や抑圧の歴史を認識し，多様な文化を尊重した実践を展開しながら，平和を希求する。
- ソーシャルワークは，人権を尊重し，年齢，性，障害の有無，宗教，国籍等にかかわらず，生活課題を有する人々がつながりを実感できる社会への変革と社会的包摂の実現に向けて関連する人々や組織と協働する。
- ソーシャルワークは，すべての人々が自己決定に基づく生活を送れるよう権利を擁護し，予防的な対応を含め，必要な支援が切れ目なく利用できるシステムを構築する。

（3）その次の改定に向けての期待

　最後に，次の定義の改定に向けての期待を述べておきたい。

　今回の改定には，さまざまな議論が世界中でなされたようであり，一定の評価をすることができる。一方で，わが国は直接的に議論に参加しなかった反省点もある。そもそも，グローバル定義は，「定義」としての体を成し得ているのだろうか。定義とは，「概念の内容を明確に限定すること」である。概念とは，「事物の本質をとらえる思考の形式」であり，概括的な意味内容を指すことである。これらに鑑みると，グローバル定義は，厳密には定義というより解説や指針の総称であり，概念と理解する方が妥当ではないだろうか。

　ソーシャルワークとは何か，その答えは，実践・臨床のなかにしかない。ソーシャルワークを人に伝え，教えるには，臨床での経験がなければ，なんの説得力もなく，利用者の心や魂に響くことはないだろう。なぜならば，実践・臨床のなかにこそソーシャルワークの本質が存在するからである。そして，ソーシャルワークとは何かを追い求めることがソーシャルワークを研ぎ澄ますプロセスであり学問でもある。次の改定の際には多くの実践者と研究者らが改定の議論に加わり，ソーシャルワークが本当の意味での定義として確立していくことを夢みたい。

注

(1)　新村出編（2008）『広辞苑　第6版』岩波書店，1534〜1535頁。

(2)　窪田暁子（2013）『福祉援助の臨床――共感する他者として』誠信書房，4頁。

(3)　(2)と同じ，6頁。

(4)　Bartlett, H. M. (1970) *The Common Base of Social Work Practice*, National Association of Social Workers.（＝1978，小松源助訳『社会福祉実践の共通基盤』ミネルヴァ書房，251頁。）

(5)　National Association of Social Workers (1973) *Standards for Social Service Manpower*, NASW, pp.4-5.（＝2000，山崎道子訳「ソーシャルワークを定義すること――時代と環境の変化の中で」『ソーシャルワーク研究』25（4），262〜270頁。）

(6)　Butrym, Z. (1976) *The Nature of Social Work*, Macmillan Press.（＝1986，川田誉音訳『ソーシャルワークとは何か――その本質と機能』川島書店，1頁。）

(7)　日本ソーシャルワーカー連盟（JFSW）（2009）「ソーシャルワーカーデー宣言」（http://jfsw.org/what-we-do/diffusion-enlightenment/swd/declaration/　2022年3月3日閲覧）。

(8)　太田義弘・中村佐織・安井理夫編（2017）『高度専門職業としてのソーシャルワーク――理論・構想・方法・実践の科学的統合化』光生館，17頁。

(9)　IFSW (2006) 50 Years of International Social Work (https://www.ifsw.org/wp-content/uploads/ifsw-cdn/assets/ifsw_83941-9.pdf　2022年3月3日閲覧) p.25.

(10)　国際ソーシャルワーク学校連盟・国際ソーシャルワーカー連盟・社団法人日本社会福祉教育学校連盟（2009）『ソーシャルワークの定義　ソーシャルワークの倫理　ソーシャルワークの教育・養成に関する世界基準』相川書房，9頁。

(11)　社会福祉専門職団体協議会国際委員会（2016）「ソーシャルワーク専門職のグローバル定義と解説」（https://www.jacsw.or.jp/citizens/kokusai/IFSW/documents/SW_teigi_01705.pdf　2022年3月3日閲覧）。

(12)　社会福祉専門職団体協議会国際委員会（2014）「IFSW（国際ソーシャルワーカー連盟）の『ソーシャルワークのグローバル定義』新しい定義案を考える10のポイント」（https://www.jamhsw.or.jp/international/ifsw/SW_teigi_kaitei.pdf　2022年3月3日閲覧）。

(13)　なお先住民とは，地理的に明確な先祖伝来の領域に居住（あるいはその土地への愛着を維持）しており，自らの領域において，明確な社会的・経済的・政治的制度を維持する傾向があるとされる。彼らは通常，その国の社会に完全に同化するよりも，文化的・地理的・制度的に独自であり続けることを望み，先住民あるいは部族というアイデンティティをもつ。

(14)　なお，ここでいうリージョナルとは，「東京23区」や「関東地方」，「関西地方」，あるいは「東海地方」のような小単位を指すのではなく，「アジア太平洋」「アフリ

カ」「北米」「南米」「ヨーロッパ」の5地域のことを指している。日本はアジア太平洋の地域に属する。

(15)　Faith, E. (2008) "Indigenous Social Work Education: A Project for All of Us?," Gray, M., Coates, J. and Yellow Bird, M. (Eds.), *Indigenous Social Work around the World: Towards Culturally Relevant Education and Practice*, Ashgate, pp. 245-256.

(16)　秋元樹 (2015)「あなたは世界定義を受け入れられるか？――『専門職ソーシャルワークでないソーシャルワーク』を例に」『ソーシャルワーク研究』41 (3)，5〜16頁。

(17)　(1)と同じ，1902頁。

(18)　(1)と同じ，469頁。

参考文献

社会福祉専門職団体協議会国際委員会 (2016)「ソーシャルワーク専門職のグローバル定義と解説」(https://www.jacsw.or.jp/citizens/kokusai/IFSW/documents/SW_teigi_01705.pdf　2022年3月3日閲覧)。

学習課題

①　ソーシャルワーク専門職のグローバル定義の重層的な展開として，グローバル（世界レベル）・リージョナル（世界の地域レベル）・ナショナル（国レベル）となっているが，リージョナル（世界の地域レベル）とは具体的にどのような地域か，また日本はどの地域に属するのか考えてみよう。

②　社会福祉とソーシャルワークの違いについて考えてみよう。

キーワード一覧表

□　**持続可能な発展**　SDGs（Sustainable Development Goals：持続可能な開発目標）は，「誰一人取り残さない」持続可能な社会の実現を目指す世界共通の目標である。
82

□　**エンパワメント**　本来は，力を付与することを意味するが，潜在能力を引き出すという意味もある。
83

□　**ストレングス**　人がもっている強さや長所。
85

□　**レジリエンス**　困難や苦境に直面しながらも平衡状態を維持する能力とされ，「復元力」「精神的回復力」「抵抗力」「耐久力」などと訳されることもある。
85

□　**クリティカル**　実践を科学的・合理的見地から吟味し，また検証を加え，常に最良の実践を目指すこと。
85

第7章

ソーシャルワークの理念

　ソーシャルワークは，さまざまな知識や技術を用いて実践されるが，そこではソーシャルワーカーの価値観が支援の内容を大きく左右する。その価値は理念によって形成され実践の方向を指し示すものとなる。今日のソーシャルワークを支える理念は，それぞれの時代のなかで生まれてきた思想や当事者からの声，先人たちの活動によって発展してきた。本章では，ソーシャルワークが拠り所とする理念はどのような考え方が土台となっているのか，いくつかのキーワードから理解を深めていく。

ミニワーク

　ソーシャルワークの実践は，それぞれの時代の福祉の思想や政策によって左右される。理念を考えるにあたり，1948（昭和23）年から1996（平成8）年までの半世紀以上もの間，わが国に存在していた優生保護法という法律から考えてみよう。

　この法律は知的障害者や精神障害者への強制不妊手術を法で認めたものであり，「不良な子孫の出生防止」を目的とし，医師が必要と判断すれば都道府県の審査会での決定を経て，優生手術として不妊手術を実施できるというものであった。これは，優生思想という身体的，精神的に能力が劣っている者の遺伝子を排除して，優秀な人類を後世に遺そうという思想がもとになっている。

　なぜ，そのような考え方が広がったのか，そして今日ではどのような支援の考え方が基本となっているのかを考えてみよう。

1　ソーシャルワークを支える理念

（1）ソーシャルワークの実践を支える理念

　ソーシャルワーカーの実践は，クライエントとともにあって成り立つものである。過去に同じようなケースがあったとしても個別性があるため，刻々と変化する実践の場では，常に状況に合わせた柔軟な対応が求められる。さらに，クライエントの暮らし，生命にも深く関わる職業であることも認識しなければならない。

　本来，ソーシャルワークの実践には特別な難しさが伴う。クライエントの生活は多様であり，性別や年代，育ってきた環境，地域性などによっても異なっており，これが唯一正しい支援といえるものはないからである。したがって，人間の暮らしへの支援を担う福祉の専門職には，それにふさわしい姿勢と，相手の人権や権利を尊重する接し方，実践の基盤となる倫理が強く求められる。

　第3章，第4章で学んだように，社会福祉士や精神保健福祉士は，法律に位置づけられた国家資格である。それは，専門職としての一定の基準を満たしており，その信頼を国が認めているということである。よって，法律に反した場合にはそれぞれ罰則規定が設けられている。たとえば，社会福祉士及び介護福祉士法では，誠実義務（第44条の2），信用失墜行為の禁止（第45条），秘密保持義務（第46条）などが規定されており，違反した場合には資格の剥奪，特に秘密保持義務の規定に違反した者は，1年以下の懲役または30万円以下の罰金に処するという厳しい罰則がある。つまり，ソーシャルワーカーには専門職としての自覚と厳しい行動規範が求められているのである。そのソーシャルワークの実践において拠り所となるのが理念である。

（2）ソーシャルワークにおける理念とは

　理念とは物事のあるべき基本的な考えである。バートレット（H. Bartlett）は，ソーシャルワーク実践は，「価値」「知識」「調整活動（介入）」の総体から構成されていると整理しているが，理念とはここでいう「価値」に置き換える

ことができる。⁽²⁾

つまり，理念とは支援を行ううえで「拠り所となる大切な考え」「根底にある物事の指向」であり，理念を根底に，専門職が具体的にどう行動すべきかの行動規範が職業倫理である。そして，それらの職業倫理を規定したのが本書の第2章，第13章で学ぶ倫理綱領である。日本国憲法で規定されている「基本的人権」の尊重に基づき，個人の尊厳，最善の利益，権利擁護といった人権思想や肯定的人間観は，福祉の仕事の原点であり，拠り所とする指向である。理念は専門職としての信念や考えのなかにあり，職業倫理は福祉専門職の具体的な行動のなかにあるとされている。⁽³⁾理念と倫理は一体として専門性が発揮されるのであり，法律・倫理綱領などによってそれらが示されている。

（3）理念による支援の構成要素

それでは，ここまで述べてきた「価値」「倫理」と「知識」「技術」の関係についてもう少し整理してみよう。

すべての福祉実践において理念に基づいた「価値」「倫理」は，建物にたとえれば，土台であるといえる。建物の土台がしっかりしていなければ，すぐに倒壊してしまう。一方，土台がしっかりしていれば，少々のことが起きてもびくともしない。しっかりとした建物を作るには土台作りが大切なように，専門職としての働きの土台となる理念に基づいた「価値」「倫理」をしっかりと身につけることが必要である⁽⁴⁾（図7-1）。

「知識」については，専門職としての実践を行ううえで体系だった知識が求められ，①社会福祉に関して固有の視点や考え方，②社会福祉の実践に必要となる知識，③クライエントの理解を深める知識，④クライエントに介入する際の知識，⑤制度や福祉サービスに関して法律をはじめ連携する専門機関や制度，⑥地域に関して施設や機関の周辺の特性や求められるニーズなどがある。

次に，「技術」とは，①支援関係を構築するコミュニケーションスキル，②クライエントを理解するスキル，③環境に働きかけるスキル，④専門職としての活動を支えるスキルなどを指す。

このように，理念に基づいた「価値」「倫理」を土台に，「知識」「技術」が

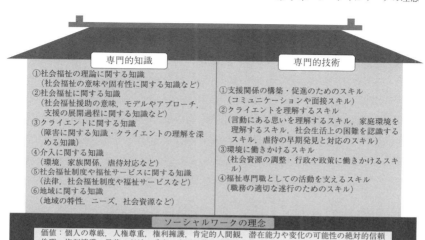

図7-1　ソーシャルワークの専門性の構成要素
出所：津田耕一（2011）『福祉職員研修ハンドブック──職場の組織力・職員の実践力の向上を目指して』
　　　ミネルヴァ書房，10頁より一部改変。

一体となってソーシャルワークが展開される。ただし，すべての専門職がまっ
たく同じ考えで，同じように行動するという意味ではない。そこには，支援を
するワーカーの持ち味も大切であり「価値」や「倫理」とそれぞれの職員が積
み重ねてきた人生観や価値観が相まって，その人らしい支援となる。さまざま
な福祉実践の根底にある理念を知り，それぞれの専門職が考えた支援を実践し
ていくからこそ，心が通った温かい実践につながっていくのである。

2　福祉の理念に影響を与えた考え方

（1）ノーマライゼーション

　ノーマライゼーション（normalization）は，1950年代にデンマークで「知的
障害のある親の会」の活動を通じて具体化された。当時，知的障害者は1000人
規模の巨大施設に隔離収容されていた。知的障害者福祉に携わる行政官であっ
たバンク＝ミケルセン（N. E. Bank-Mikkelsen）は，障害者の解放を求め，デン
マークの「1959年法」にノーマライゼーションの思想を導入することに影響を

与えた。後に「ノーマライゼーションの父」と呼ばれる人である。

　彼は,「ノーマライゼーションとは,知的障害者をいわゆるノーマルにすることを目的にしているのではない。目的とされているのは,ノーマルシィ(normalcy：正常)ではなく,ノーマライゼーション(normalization：正常化)なのである」と述べている。これは,障害者を,障害をもたないノーマルな人にすることを目的とするのではなく,彼らが最大限に発達できるようなノーマルな生活条件を整えることが大切であるという考え方である。障害者をその障害とともに受容する社会への変化が必要であり,知的障害者の日常生活の様式や条件を施設という特別な環境で考えるのではなく,一般市民と同じ普通(ノーマル)の生活や権利が保障されるよう,環境を整備することの必要性を説いている。

　その後,バンク=ミケルセンの影響を受けたニィリエ(B. Nirje)は,これまで知的障害者に限定されていたノーマライゼーションの概念をより具体化させ,「障害をもつ老人や子ども,およびすべての人が同じように社会の一員として存在している社会がノーマルであり,社会の他の人たちと同じように,ごく自然に満たされているのが当然である」というようにすべての市民の権利として広げた。そして,①一日のノーマルなリズム,②一週間のノーマルなリズム,③一年間のノーマルなリズム,④ライフサイクルにおけるノーマルな発達経験,⑤ノーマルな個人の尊厳と自己決定権,⑥ノーマルな恋愛関係,⑦ノーマルな経済水準とそれを得る権利,⑧ノーマルな環境形態と水準の8原理を提言している。

　こうした考えがもとになって,国際連合の総会において,知的障害者の権利宣言(1971年)「知的障害者は可能な限り,他者と同様な権利を有する」,障害者の権利宣言(1975年)「障害者は,その人間としての尊厳が尊重され生まれながらの権利を有している」に影響を与え,「参加と平等」を掲げた国際障害者年(1981年)につながっている。

　日本では1993(平成5)年に心身障害者福祉法から改正された障害者基本法の第3条に「全ての障害者が,障害者でない者と等しく,基本的人権を享有する個人としてその尊厳が重んぜられ,その尊厳にふさわしい生活を保障される

インテグレーション　　　　　　　　　　　インクルージョン
（integration）　　　　　　　　　　　　　（inclusion）

図7-2　ソーシャルインクルージョンのイメージ
出所：鞆物語ウェブサイト「分かる！　ノーマライゼーション」（https://tomonoura.life/normalization/
2022年3月2日閲覧）。

権利を有する」というようにノーマライゼーションの考え方に基づいた障害者
福祉の基本理念が明記されている。

　このように，知的障害者の生活改善と人権擁護を唱えたノーマライゼーショ
ンの思想は，その後世界中に広がり，福祉の基本的思想として大きな影響を与
えてきた。

（2）ソーシャルインクルージョン

　インクルージョン（inclusion）とは，訳すと「包摂」となり包み込むという
意味をもつ。よって，**ソーシャルインクルージョン**（社会的包摂）は，社会的
に全体を包み込み，誰も排除されず，全員が社会に参画する機会をもつことと
いう考え方である（図7-2）。

　この概念は1970年代のフランスにおいて，戦後の復興や福祉制度が整備され
つつある状況のなかで，なお社会的に排除されている状態のことをソーシャル
エクスクルージョンと呼んだことが発端である。1980年代に入り，ヨーロッパ
全体で若者の失業が問題視されたときに，この言葉が注目され，同時にその対
語として，ソーシャルインクルージョン（social inclusion）という言葉が生まれ
た。ヨーロッパ諸国では，近年の社会福祉の再編にあたっての基本理念ともさ

れている。

　わが国では，2000（平成12）年に厚生労働省によって「社会的な援護を要する人々に対する社会福祉のあり方に関する検討会報告書」がまとめられ，ホームレス・孤独死，虐待をはじめ，貧困，心身に障害・不安のある人，社会的排除や摩擦の対象となっている人，社会的孤立や孤独の状態にある人々など，社会的弱者に対処するためにソーシャルインクルージョンの社会を目指すことが政策課題の1つだとし，後に教育現場でも用いられるようになった。

　現在，厚生労働省が2025年をめどに，高齢者の尊厳の保持と自立生活の支援の目的のもとで，可能な限り住み慣れた地域で，自分らしい暮らしを人生の最期まで続けることができるよう，地域の包括的な支援・サービス提供体制（地域包括ケアシステム）の構築が推進されている。

　このソーシャルインクルージョンは，ノーマライゼーションを発展させた概念だといわれており，それぞれの個性が十分に尊重されるような多様な価値観を受け止め，誰も差別されたり排除されたりしない地域共生社会の鍵となる概念である。

（3）権利擁護（アドボカシー）

　人はさまざまな困難を抱えたとき，また社会的な不利な立場に置かれたときに自分の権利や利益を主張することができなかったり，そもそも権利が護られる立場であることを認識していなかったりする場合もある。たとえば，知的障害，精神障害，認知機能の低下などのために，自分で判断する能力が不十分であったり，まだ子どもであったり，地域で孤立をして支援を求めることができなかったり，自らの意志や権利を主張することが難しい人たちである。自らの声をあげられない人の代弁者となって権利の主張や自己決定をサポートすることを**権利擁護（アドボカシー）**と呼ぶ。

　社会福祉基礎構造改革によって，福祉サービスの利用が措置から契約に変わり，2000（平成12）年の介護保険制度施行，2013（平成25）年の障害者の日常生活及び社会生活を総合的に支援するための法律（障害者総合支援法）（改正前は，障害者自立支援法）においても，福祉サービス利用者の利益を保護することが求

められている。さらに，クライエントとサービス提供者との対等な関係を構築しながら，クライエント主体の支援が基本とされている。

　権利擁護は，クライエントへの直接的な支援だけではなく，虐待防止，成年後見制度，日常生活自立支援事業，福祉サービスへの苦情解決，行政などに政策などを提起するソーシャルアクションなど幅広い取り組みがある。

3　ソーシャルワークの理念の変遷

（1）法律から見た福祉観の進化

　ソーシャルワークは，100年あまりの歴史のなかで次第に形を整えつつある。今日のソーシャルワークのさまざまな考え方や，支援で用いられる技術の体系は，それぞれの時代のなかで生まれてきた思想や当事者からの声，先人たちの活動によって発展してきた。ソーシャルワークの理論を学ぶときは，その理論が生まれた背景から理念や政策・制度について学ぶことも重要である。図7-3は，わが国における福祉観の変遷を法律から整理したものでる。

　1874（明治7）年に制定された恤救規則は，近代日本ではじめて貧しい人を救済するための規則であった。その前文で「救済は本来人民相互の情誼によって行うべきものである」とされ，基本的には生活困窮の救済は家族および親族，ならびに近隣による扶養や相互扶助によって行うべきであるとし，それがかなわない，労働能力を欠きかつ無告の窮民（極貧独身者で70歳以上の高齢者，重病者，障害者，13歳以下の孤児など身寄りのない貧困者）に限定し，米代を現金給付した。当時は貧民や弱者に対しては慈善的・救貧的・恩賜的要素による救済であった。

　1945（昭和20）年に終戦を迎え，1946（昭和21）年に日本国憲法が制定されたことによって，基本的人権（第11条），幸福追求権（第13条），法の下の平等（第14条），生存権（第25条）を国家責任で保障し，「無差別平等」「公私分離」「最低生活保障」の諸原理を基軸において国家の責務として本格的な福祉政策がはじまった。そして，1947（昭和22）年に児童福祉法，1949（昭和24）年に身体障害者福祉法が制定し，1951（昭和26）年に社会福祉事業法の制定によって社会

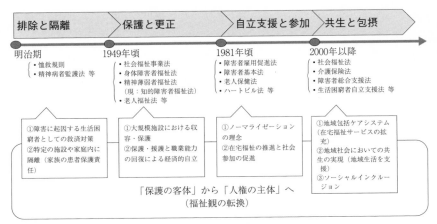

図7-3 法律から見た福祉観の変遷

出所:兵庫県相談支援専門員現任研修資料を改変(菊池馨実・中川純・川島聡編(2015)『障害法』成文堂,32~40頁をもとに作成されている)。

福祉事業の全分野における共通的な基本事項が定められた。その後も,1960(昭和35)年に精神薄弱者福祉法(現在では知的障害者福祉法),1963(昭和38)年に老人福祉法が施行され,各分野の福祉政策が拡充される。ただし,措置制度(行政が公的責任に基づいての行政処分によって福祉サービスを決定し,職権をもって救済や福祉サービスにつなげる)であったため,福祉サービスを利用する側の権利擁護に関しての概念は弱く,行政の処分庁による保護的な処遇が中心であった。

その後,世界各地では人権擁護に関する思想が広がり,国連総会において1971年に知的障害者の権利宣言,1975年に障害者の権利宣言が採択される。当事者への人権の主体者としての福祉サービスのあり方が求められるようになり,これまでの施設への入所が中心であった福祉から,在宅福祉や自立支援が広がるきっかけとなった。そして,1990年代に戦後からの社会福祉制度を見直した社会福祉基礎構造改革が行われ,2000(平成12)年に社会福祉事業法は社会福祉法に改正され,これまでの社会福祉の仕組みが大きく変更された。

社会福祉法の第4条では,「地域住民が相互に人格と個性を尊重し合いながら,参加し,共生する地域社会の実現を目指して行われなければならない」と

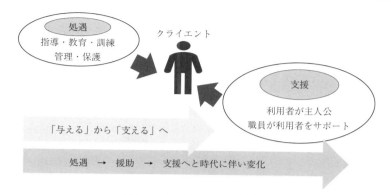

図7-4　処遇から援助，支援へ
出所：津田耕一（2017）『福祉現場で必ず役立つ利用者支援の考え方』電気書院，35頁。

定められ，「地域福祉」の推進がはじめて法律に明記された。そして，今日では制度・分野ごとの「縦割り」や「支え手」「受け手」という関係を超えて，地域住民や地域の多様な主体が参画し，人と人，人と資源が世代や分野を超えつながることで，住民一人ひとりの暮らしと生きがい，地域をともに創っていく地域共生社会が目指されている。

（2）処遇から援助，支援へ──当事者主権

　福祉観の変遷のなかでは，クライエントに対する基本的な福祉に関する視点も大きく変わってきた。ノーマライゼーションの考え方が広がるまでは，社会福祉の対象者は弱者であり，いかにして保護，収容するのかという考えが強くあった。さらに，本書の第2章で学んだ「医学モデル」では，問題は当事者のなかにあり，問題の克服や指導による成長が目指されていた。これらの考えのもと，指導，訓練，療育といったクライエントを変えることに主眼を置いたため「処遇」として，指導・教育・訓練・管理・保護という言葉が用いられていた。その後，クライエントを中心とした考え方が主流となり，援助という言葉が用いられるようになった。さらに，クライエントが主人公であるという認識がより強くなり，支援という言葉が用いられるようになっている（図7-4）。

　これらの用いられてきた言葉の変化からもそれぞれの時代における福祉の考

- <u>エンパワメント</u>
  ＝利用者の可能性や潜在能力を見出し，引き出していく
- <u>ストレングス</u>
  ＝利用者のプラス面，力，強さ

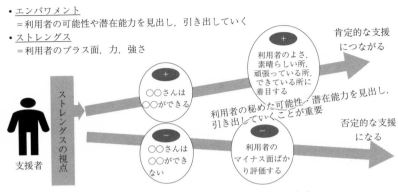

図7-5　エンパワメントとストレングスの考え方

出所：津田耕一（2017）『福祉現場で必ず役立つ利用者支援の考え方』電気書院，60頁より一部改変。

え方が反映されていることがわかる。支援という言葉には，クライエントをどのような存在として見るのかという人間観が大きく関係してくる。それは人間の秘めた可能性や潜在性に着目し，単に福祉サービスを受ける弱者と見る視点ではなく，能動的・主体的な存在であるという認識に立って，クライエントの生活は本人のものであるという**当事者主権**の考えが基本となっている。

（3）エンパワメントとストレングスの考え

　クライエントの暮らしを支えるという支援の考え方は，問題や課題といったマイナスの側面に着目するのではなく，できることやできそうなことなどのプラスの側面を伸ばしていこうとする「エンパワメント」や「ストレングス」視点の重要性が認識されるようになった。

　人が有する能力を評価し，差別や偏見から解放し，クライエントがパワーレスという力を出せない状態から脱して，自らの本当のパワーが発揮できるような状態に近づけることをエンパワメントという。パワーとは直訳すれば「力」となるが，ここでは可能性や潜在能力を指している。このエンパワメントの考え方は，一人ひとりの人間には素晴らしい可能性や潜在能力があり，その力を最大限に引き出すということでもある。そのためには，クライエントの強さ，

よさ，できていることなどの肯定的な側面に着目することが必要である。このような考え方をストレングス視点という。

　こうした「エンパワメント」「ストレングス」の考え方は，支援という本人を中心とした福祉の基盤である（図7-5）。クライエントのよさ，可能性，潜在的な力が必ずあるという信念のもとに，その部分を見出し伸ばしていくという考え方は，価値ある人間として支えるという人権思想にも深く関連しているのである。

注

(1) 窪田暁子（1997）「社会福祉方法・技術論を学ぶ人のために」植田章・岡村正幸・結城俊哉編著『社会福祉方法原論』法律文化社，2頁。

(2) 安井理夫（2021）「ソーシャルワークの基本となる考え方」植戸貴子編『新版 ソーシャルワークの基盤と専門職【基礎編・専門編】』みらい，65頁。

(3) 北島英治（2002）「ソーシャルワークの実践モデル」北島英治・副田あけみ・高橋重宏・渡部律子『ソーシャルワーク実践の基礎理論』有斐閣，277頁。

(4) 津田耕一（2017）『福祉現場で必ず役立つ利用者支援の考え方』電気書院，23頁。

(5) (4)と同じ，27頁。

(6) ニィリエ，B./河東田博ほか訳編（2004）『ノーマライゼーションの原理——普遍化と社会変革を求めて 新訂版』現代書館，7頁。

(7) (6)と同じ，69頁。

(8) 厚生労働省（2000）「『社会的な援護を要する人々に対する社会福祉のあり方に関する検討会』報告書」（https://www.mhlw.go.jp/www1/shingi/s0012/s1208-2_16.html 2022年3月1日閲覧）。

参考文献

空閑浩人・白澤政和・和気純子編著（2021）『ソーシャルワークの基盤と専門職』ミネルヴァ書房。

日本ソーシャルワーク教育学校連盟編（2021）『ソーシャルワークの基盤と専門職【共通・社会専門】』中央法規出版。

福祉臨床シリーズ編集委員会編（2021）『ソーシャルワークの基盤と専門職』弘文堂。

学習課題
① 「援助」と「支援」の違いは何かを考えてみよう。
② ソーシャルワークの実践においてなぜ理念が大切なのかをまとめてみよう。

キーワード一覧表

☐ **理念**　物事のあるべき状態についての基本的な考え。ソーシャルワーク実践は，「価値」「知識」「調整活動（介入）」の総体から構成されていると整理しているが，理念は「価値」に置き換えることもできる。　　　91

☐ **ノーマライゼーション**　障害のある人が障害のない人と同等に生活し，ともにいきいきと活動できる社会を目指すという理念である。　　　93

☐ **ソーシャルインクルージョン**　すべての人々を孤独や孤立，排除や摩擦から援護し，健康で文化的な生活の実現につなげるよう，社会の構成員として包み支え合うという理念である。　　　95

☐ **権利擁護（アドボカシー）**　自分の権利やニーズを自ら主張することが困難な人に代わってその権利やニーズを主張し，また自分で権利を行使できるように支援すること。　　　96

☐ **当事者主権**　クライエントは能動的・主体的な存在であるという認識に立って，支援者が主導して課題や問題の解決を進めない。　　　100

第8章

ソーシャルワークの原理

　ソーシャルワークは，生活におけるさまざまな生きづらさを抱えた人たちとその環境に目を向けた実践といえる。ここで重要なのは，課題を抱えた人だけでなく，その人を取り巻く環境にも焦点を当て，必要な場合は環境を変化させたり創り出したりするところにある。ではなぜ，このような実践を行うのであろうか。それを示すのが，ソーシャルワークの原理であり，ソーシャルワークを実践するうえでの基盤となる考え方である。この原理を理解するなかで，ソーシャルワークが何のために存在し，何を目指しているかという実践の根拠について学びを深めてもらいたい。

ミニワーク

　身近な社会問題をあげ，その解決に必要な取り組みについて考えてみよう。

・身近にある社会問題と呼ばれるものにはどのようなものがあるでしょうか。

（　　　　　　　　　　　　　　　　　　　　　　　　　　　　　　　　　）

・取り上げた社会問題の解決にはどのような取り組みが必要でしょうか。

（　　　　　　　　　　　　　　　　　　　　　　　　　　　　　　　　　）

1　ソーシャルワークにおける原理

（1）ソーシャルワークの原理とは何か

　みなさんは原理という言葉から何をイメージするだろうか。少し硬い印象を受けるが，原理という言葉自体をこれまで聞いたり目にしたりしているはずである。まずはその意味について確認をしておく。

　「原理」とは，「ものの拠って立つ根本法則。認識または行為の根本にあるきまり」とされ，「物事の根本となる基本的な決まり」を意味する言葉である。別の言い方をするならば，物事のもとになる普遍的な法則（守らなければならないもの・決まり）や理論（知識を整理して，1つにまとめたモノ）と説明できる。

　以上をもとに，ソーシャルワークの原理とは何かを示すと，「ソーシャルワークという世界において共通して存在する基本的な決まりや理論」ということである。ソーシャルワークの実践は，この共通した基本的な決まりや理論に従って展開されることが求められるわけである。

（2）原理の必要性

> 〈事例〉
> 　電車に乗ると，窓を背にして座るロングシートの真ん中に，着衣が乱れ，髪はぼさぼさで，少し近くに行くと鼻を突くような臭いのする人が横になっている。この人がいることで車中は物々しい空気に包まれ，一緒に乗車した人たちは，その姿や臭いからその人を避けるように両サイドに固まり，怪訝な表情をしている。

　あなたはこのような状況に出くわしたらどうするだろうか。「迷惑な人だ」「早く降りてくれないかな」「関わりたくない」といった思いを抱くであろうか。

　このような状況に遭遇したソーシャルワーカーがいる。そのソーシャルワーカーは，車両に乗り込むと，この異様な光景の理由に気づき，ゆっくりとその人に近づき声をかけた。少しの間話をした後，ソーシャルワーカーとその人は車両の端の方に移動し，両サイドに集まっていた乗客たちはぽっかり空いた中央のシートに腰を下ろした。

そのソーシャルワーカーに「なぜあなたはあの人に声をかけたのですか?」
と尋ねると,「私はソーシャルワーカーですから」という答えが返ってきた。

つまり,偶然乗車したこの場面を,ソーシャルワーカーとして関わるべき・
行動を起こすべき状況と判断したということである。医師が病気やけがをして
いる人を助けることに疑問をもつ人はいないであろう。それと同様に,ソー
シャルワークにおいても実践に向かわせる根拠がある。この根拠こそが原理と
呼ぶものであり,ソーシャルワーカー一人ひとりの実践に意味を与えるのであ
る。

2　ソーシャルワーク専門職のグローバル定義における諸原理

あらためて,ソーシャルワーク専門職のグローバル定義に示された原理を確
認しておく。グローバル定義では,「社会正義,人権,集団的責任,および多
様性尊重の諸原理は,ソーシャルワークの中核をなす」とされた。社会正義と
人権は,以前のソーシャルワークの国際定義(2000年に IFSW(国際ソーシャル
ワーカー連盟)の総会で承認)にもあげられており,グローバル定義では,集団
的責任と多様性の尊重が追加されている。

ここでは,社会正義,人権(尊重),集団的責任,多様性の尊重,さらには
当事者主権についてその内容を確認する。

(1) 社会正義

社会正義とは,けっして難しいことではない。社会において正しいことが社
会正義である。その正しいこととは,社会のなかで誰もが不公平な扱いを受け
ることのないことであり,その実現が社会正義の目指すところといえる。

では,社会における正しいこと,不公平な扱いを受けることのない社会とは
何を指しているのであろうか。ソーシャルワークが基盤とする社会正義として,
ソーシャルワーカーの倫理綱領の「原理」Ⅲには「ソーシャルワーカーは,差
別,貧困,抑圧,排除,無関心,暴力,環境破壊などの無い,自由,平等,共
生に基づく社会正義の実現をめざす」と示されている。[2]

　この目指すべき社会正義の実現に異論のある人はおそらくいないであろう。しかし，私たちの生活を取り巻くすべてのものに目を向けて考えてほしい。誰もが差別されることなく，困窮することなく生活できているだろうか。たとえば，障害のある人たちは，障害のない人たちと同じように学校に行き，自身の望む就職や生活を自由に選択できているだろうか。また，子どもたちは暴力や排除されない社会のなかで生活できているであろうか。

　社会正義は，次項で扱う人権とも深く関連している。つまり，社会のなかには差別や暴力の対象であったり，生活に困窮していたりしている人々が少なからず存在している。それは，その人々の権利が脅かされている可能性を示唆している。

　社会正義とは，社会におけるすべての人々に基本的人権をはじめとした権利が保障されていることでもある。すべての人にとっての十分な社会正義の実現は難しいといわれるかもしれないし，理想のように思えるのかもしれない。だが，だからこそソーシャルワークの存在意義がある。

　ソーシャルワークは，社会正義の実現を阻む社会の構造や状況に目を向け，働きかけていかなければならない。そして，倫理綱領に示された社会正義の実現を目指すことが使命ともいえるのである。

（2）人権尊重

　人権とは，「人間が人間として生まれながらに持っている権利[3]」のことである。日常のなかで意識することは少ないかもしれないが，誰もが生まれた瞬間からもっていることになる。その権利とはどのようなものであろうか。

　当然のことながら，人権は世界中の誰もが共通してもっている権利である。それを示したものとして，1948年に国連で採択された「**世界人権宣言**」がある。そこには，拷問や奴隷の禁止，思想や表現の自由といった「自由権」，教育を受ける権利や人間らしい生活をする権利といった「社会権」が示されている。

　世界人権宣言の第1条には，「すべての人間は，生れながらにして自由であり，かつ，尊厳と権利とについて平等である。人間は，理性と良心とを授けられており，互いに同胞の精神をもつて行動しなければならない」とされている。

この条文を詩人の谷川俊太郎氏がわかりやすい言葉で表現している。谷川氏は第1条を，「みんな仲間だ」という条文であると示し，内容を次のように表現している。[4]

　　わたしたちはみな，生まれながらにして自由です。ひとりひとりがかけがえのない人間であり，その値打ちも同じです。だからたがいによく考え，助けあわねばなりません。

　ここでの自由は何でもしていいことを意味しているのではない。誰かに支配されたりせず，住む場所や職業を選択する自由である。そのなかで，一人ひとりは尊重され，お互いが話し合うことや助け合うことを通して仲間となっていく。しかし，社会正義の項でも確認したように，ある特定の人々に対してこの権利が尊重されていない現実がある。

　日本においては，日本国憲法に**基本的人権**が規定され，人権保障の実現を図っている。ここでは詳しく述べないが，基本的人権として第25条の**生存権**や第13条の**幸福追求権**等が規定されており，十分に理解しておく必要がある。そのうえで，人権に関してはソーシャルワーカーの倫理綱領の「原理」Ⅱに「ソーシャルワーカーは，すべての人々を生まれながらにして侵すことのできない権利を有する存在であることを認識し，いかなる理由によってもその権利の抑圧・侵害・略奪を容認しない」と示されていることを押さえてほしい。[5]

　ソーシャルワークは，この誰もが生まれながらにもっており，奪われたり制限されたりしない権利について，敏感でなければならない。そして，人権が守られていない個人やそれを生み出す環境に働きかけていくのである。

（3）集団的責任

　集団的責任とは，グローバル定義の注釈において，「集団的責任という考えは，一つには，人々がお互い同士，そして環境に対して責任をもつ限りにおいて，はじめて個人の権利が日常レベルで実現されるという現実，もう一つには，共同体の中で互恵的な関係を確立することの重要性を強調する」と述べられて

いる。[6]

　私たちは個人として生活を営んでいるが，それはけっして何でも一人でできていることを意味しているわけではない。家族や友人との関わりを含め，地域や学校や職場等の何らかの集団に所属し，そのなかで自然と，もしくは必要な際は支え合っている。また，生活を支える公的な諸制度やサービス（たとえば，医療や年金，介護といった社会保険），公共交通機関や飲食店，コンビニエンスストア等，多様な社会資源を利用して生活を安定させているといえる。そのため，私たちを取り巻く自然環境も含んだ社会資源に対して関心と責任をもつことによって，個人の権利が実現されることになる。

　同時に，社会や，特に現在では地域という共同体のなかでお互いがつながり支え合える関係性を築いていくことが重要である。ところが，人口の減少や少子高齢化，働き方等の生活を取り巻く環境の変化は，地域内におけるつながりや関係性を薄れさせている。そのため，たとえば日本においては「地域共生社会」の実現が掲げられており，ソーシャルワークはその実現に寄与することが期待されている。

　「地域共生社会」とは，「制度・分野ごとの『縦割り』や『支え手』『受け手』という関係を超えて，地域住民や地域の多様な主体が参画し，人と人，人と資源が世代や分野を超えてつながることで，住民一人ひとりの暮らしと生きがい，地域をともに創っていく社会」とされている。[7]

　また，空閑浩人は，ともに生きる社会について，「堂々と『助けて』といえる相手や場所，助けてもらえる関係，お互いに助け合える関係がある，そんなつながりが共有された社会のあり方」，そして，「さまざまな制度を必要な人が権利として利用できる社会のあり方」と述べている。[8]

　私たちが生活する共同体としての社会や地域は，ただそこに存在し，あればよいということではない。必要な支えや助けができる状態であることが重要となる。

　そこで，ソーシャルワークは支援が必要な個人の支援はもちろんのこと，ソーシャルワーカーの倫理綱領の「原理」Ⅳに示されているように，[9]「集団の有する力と責任を認識し，人と環境の双方に働きかけて，互恵的な社会の実現

に貢献する」。

　個人に対するソーシャルワークはある程度発展してきたといえるが，地域共生社会の実現も含めた集団に対する働きかけがいっそう求められている。

（4）多様性の尊重

　人は誰もが異なる存在であるはずである。国籍や肌の色，血液型や誕生日といった共通する何かがあったとしても，見た目や性格，癖や色の好み等，細かなところまで掘り下げていけば何もかもが同じということは考えにくい。さらには，生まれ育った環境や文化的背景の違いは，成人の年齢や信仰心，ジェンダー等についての考えやとらえ方に影響を与え，国や地域の違いとして表れてくる。多様性の尊重とは，このような環境や文化的背景から生じるものも含めて，「それぞれの違いを受け止め大切にする」ことといえる。

　ところが，この当たり前ともいえる一人ひとりの違いが，私たちの生活において十分に重んじられていない場合がある。つまり，社会の仕組みや制度はより多くの人々のために，多数派や力をもつ人たちの考えに基づいて形づくられていることが多い。そのなかで，少数派や弱い立場にいる人たちは，その仕組みや制度から漏れてしまい，孤立したり，排除されたりしてしまう可能性がある。

　たとえば，ジェンダーについて考えてみてほしい。近年では LGBTQ をはじめとした多様な性的指向や性自認についての理解が広がりつつある。しかしながら，婚姻をはじめとした，生活上のさまざまな場面で，男か女かを問われたり選択を迫られたりすることがいまだ多くあることも事実である。多様な性への理解が社会的に注目されてはいるものの，まだまだ男女以外の性別が社会に認められ十分に大切にされているとは言い難い。

　そのため，ソーシャルワーカーの倫理綱領の「原理」Ⅴに示されるように，「ソーシャルワーカーは，個人，家族，集団，地域社会に存在する多様性を認識し，それらを尊重する社会の実現をめざす」。

　誰かとの違いを理解したり，大切にしたりすることは当たり前だと思っている人もいるかもしれない。ところが，それは自身が人には言えない・言いにく

い・批判されるかもしれない，あるいは排除されたり孤立したりするかもしれない違いを抱えていないからなのかもしれない。もしくは，違いが受け止められ，大切にされる環境のなかにいるからなのかもしれない。

　私たちはいつ・どこで周囲との違いにより，理解されなかったり，批判されたり，排除されたりする立場になるのかはわからない。多様性が尊重される社会の実現は，同時に，誰もが自分を大切にする社会の姿でもあることを私たちは認識しておかなければならない。

（5）当事者主権

　生活上のさまざまな場面において，私たちは判断や決定を繰り返しながら過ごしている。おそらく，そのことが当たり前すぎるため意識することはほとんどないかもしれないが，一般的には，子どもから大人へと成長するにつれて，自身で判断したり決断したりする機会は増えてくる。いつ起きるのか，何を食べるのか，どこに出かけるのか，誰と遊ぶのか，どのような職業に就くのか，そしてどのように生きるのかといった選択を，多少の制限はあるにせよ自身で行っているはずである。

　それではソーシャルワークが支援の対象とする，利用者やクライエントと呼ばれる人々はどうであろうか。虐待やいじめ，不登校の子どもたち，障害のある人，認知症の高齢者等は，これまでも確認してきたように社会や地域のなかで弱い立場に立たされ，自身の選択や決定が尊重されない，権利が奪われている可能性がある。

　これはソーシャルワークにおいても例外ではない。支援という場面においては，「支援をする者」と「支援をされる者」という関係性から，「してあげる」「してもらう」とう認識が生まれ，本人たちの意思や決定よりも専門職としての支援者側の判断の方が優先されてしまう場合がある。すべてが意図的ではないであろうし，専門職として利用者やクライエントのためにと考えるあまり生じてしまうものなのかもしれない。

　しかしながら，あくまでも支援の主体はその人自身であり，専門職が決めたものを提供するのではなく，本人の思いや意向を共有しながら，解決に向けた

取り組みを協働していくことがソーシャルワークの実践として求められている。

　中西正司と上野千鶴子は，当事者主権とは，「私が私の主権者である，私以外のだれも――国家も，家族も，専門家も――私が誰であるか，私のニーズが何であるのかを代わって決めることを許さない，という立場の表明である」としている。そして，当事者主権ということをわざわざ示す意味は，社会的に弱い立場にある，女性，高齢者，障害者，子ども，性的少数者，患者，精神障害者，不登校者等の人々の権利が奪われてきたからであるとしている。

　当事者主権が要求するのは，「『私のことは私が決める』というもっとも基本的なもの」であり，この自己決定権は，誰にも譲ることはできないし，誰からも侵されることはないのである。

　ソーシャルワークの対象となるクライエントや利用者と呼ばれる人たちとソーシャルワーカーは対等な関係のはずであり，生きづらさを抱え，支援を求めていたとしてもけっして受け身の存在ではない。ソーシャルワークの実践においては，あらためて当事者主権の原理に立ち返り展開する必要性があるといえる。

3　ソーシャルワークの原理を基盤とした実践に向けて

（1）ソーシャルワークの理念や価値，倫理との関係

　ソーシャルワークを実践する者は，当然ソーシャルワークが何なのかを理解しておかなければならない。それを示すのが原理であるが，同じような意味をもつ用語として，理念や価値，倫理がある。その他に，原則や規範といったものもあるが，これらは原理に比べより実践における具体的な決まりや目指すべき方向性を示してくれる。それぞれを厳密に区別することは難しく，どれもがソーシャルワークにとって大事にすべきもの，という点で共通している。

　生活における多様な生きづらさを対象とするソーシャルワークは，単純に答えが出せるようなものばかりではない。そのなかで，どうすればよいのか悩むことや，進むべき方向に迷うこともある。

　そのようなときに，ソーシャルワークとして何を目的として実践すべきなの

か，その方向性は間違っていないかを確かめ，振り返るためにも，原理だけでなく，具体的なものを示してくれる理念や価値，倫理等を含んだ理解が求められる。

（2）ソーシャルワークに求められているもの

　グローバル定義に示された4つの原理と当事者主権について確認してきた。社会のなかに不公平がないこと（社会正義），誰もがもっている権利が尊重されること（人権の尊重），どのような場所においても自身の違いが認められること（多様性の尊重）等は，ただ実践の基盤として掲げているだけでは意味がない。それぞれの実現に向けた実践が，生きづらさや困難を抱える人たちに届いてこそ意味あるものとなるのである。そのためにも，ソーシャルワークの原理と目の前の課題を常に照らし合わせながら実践していかなくてはならない。

　そしてもう1つ重要なのは，生活上の問題を抱える人たちを取り巻く環境は，時代や地域によって変わり得ることを認識したうえで，そうした変動からくるひずみに絶えず注意を向け，ときには社会のあり方やシステムを変革していくことである。たとえば，子どもへの虐待は社会正義や人権尊重といったソーシャルワークの原理に明らかに反する行為であるが，現代における家族，学校，地域の姿や価値観の変化がもたらす影響は少なくない。このような場合，1つの事案（ケース）を解決に導くだけでなく，子どもたちを守る社会のあり方やシステムについての議論と再考を繰り返し，それを社会に向けて発信していくことも求められる。

　なぜなら，ソーシャルワークは本来誰もが自分らしく幸せに暮らすことを目指す一方，歴史的には，社会の変化に伴う制度やサービスから除外され，苦境に追いやられた多くの人々が存在してきたからである。そうした過去から目を背けず，よりよい社会を創り出していくことこそが，ソーシャルワークの意義であり，最終的なゴールといえるだろう。

注

(1)　新村出編（2018）『広辞苑　第7版』岩波書店，957頁。

(2)　日本ソーシャルワーカー連盟（2020）「ソーシャルワーカーの倫理綱領」（http://jfsw.org/code-of-ethics/　2022年2月1日閲覧）。

(3)　(1)と同じ，1503頁。

(4)　アムネスティ・インターナショナル日本「わかりやすい世界人権宣言（谷川俊太郎訳）」（https://www.amnesty.or.jp/lp/udhr/　2022年2月14日閲覧）。

(5)　(2)と同じ。

(6)　この注釈は，定義に用いられる中核概念を説明し，ソーシャルワーク専門職の中核となる任務・原則・知・実践について詳述されたもの。

(7)　厚生労働省地域共生社会のポータルサイト（2021）「地域共生社会とは」（https://www.mhlw.go.jp/kyouseisyakaiportal/　2022年2月1日閲覧）。

(8)　空閑浩人（2016）『ソーシャルワーク論』ミネルヴァ書房，185頁。

(9)　(2)と同じ。

(10)　Lはレズビアン（Lesbian：女性同性愛者），Gはゲイ（Gay：男性同性愛者），Bがバイセクシュアル（Bisexual：両性愛者），Tがトランスジェンダー（Transgender：こころの性とからだの性が異なる者），Qがクエスチョニング（性自認がはっきりしていない，どちらかに決めたくない者）を指している。

(11)　(2)と同じ。

(12)　中西正司・上野千鶴子（2003）『当事者主権』岩波書店，4頁。

(13)　(12)と同じ。

参考文献

上野千鶴子（2011）『ケアの社会学――当事者主権の福祉社会へ』太田出版。

佐藤俊一（2020）「ソーシャルワークにおける倫理の根源的課題――良心が応える」『淑徳大学大学院研究紀要』27，1～14頁。

狭間香代子（2021）「IFSWグローバル定義と日本的ソーシャルワークの展開」『人間健康学研究』14，15～23頁。

学習課題

①　世界人権宣言や日本国憲法における基本的人権の内容を確認してみよう。

②　社会正義，人権尊重，集団的責任，多様性尊重，当事者主権について，自分の言葉でまとめてみよう。

キーワード一覧表

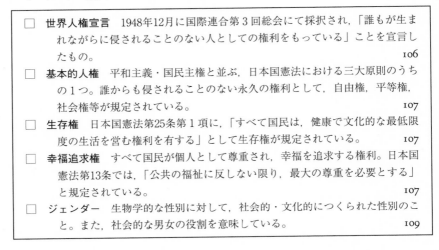

☐　**世界人権宣言**　1948年12月に国際連合第3回総会にて採択され，「誰もが生まれながらに侵されることのない人としての権利をもっている」ことを宣言したもの。　　　　106

☐　**基本的人権**　平和主義・国民主権と並ぶ，日本国憲法における三大原則のうちの1つ。誰からも侵されることのない永久の権利として，自由権，平等権，社会権等が規定されている。　　　　107

☐　**生存権**　日本国憲法第25条第1項に，「すべて国民は，健康で文化的な最低限度の生活を営む権利を有する」として生存権が規定されている。　　　　107

☐　**幸福追求権**　すべて国民が個人として尊重され，幸福を追求する権利。日本国憲法第13条では，「公共の福祉に反しない限り，最大の尊重を必要とする」と規定されている。　　　　107

☐　**ジェンダー**　生物学的な性別に対して，社会的・文化的につくられた性別のこと。また，社会的な男女の役割を意味している。　　　　109

第 ⑨ 章

ソーシャルワークの原則

　グローバル定義に示される通り，ソーシャルワークは「価値」を中核に据え，「知」を基盤として，「技術的」に介入する営みであるが，よりよい実践を支えるその前提としてクライエントとソーシャルワーカーの間によりよい援助関係を築くことが実践初期においては特に大切になる。

　本章では，クライエントと誠実に向き合い，より豊かな援助関係を構築する際に必要なソーシャルワーカーの姿勢や態度について，バイステック（F. P. Biestek）が提唱した7つの原則を学ぶ。

ミニワーク

　相手と良好な人間関係を築き，信頼関係を維持したいと考えたとき，あなたの場合，どのような姿勢や態度で関わりますか？

　これまでの経験から思いつく限り書き出してみましょう。

1　ソーシャルワークにおける原則とは

　ソーシャルワーク実践の歴史を振り返れば，古くはリッチモンド（M. Richmond）の実践から現在に至るまでの約100年，多くの先達の創意工夫により知識，技術，価値が幾重にも積み重ねられてきた。そうして今，私たちが学ぶ「ソーシャルワーク」が形作られてきている。時とともに「ソーシャルワーク」のあり方，つまり定義も，姿かたちを変えつつ，現在にあっては「ソーシャルワーク専門職のグローバル定義」として以下のようにまとめられている。[1]

> 　ソーシャルワークは，社会変革と社会開発，社会的結束，および人々のエンパワメントと解放を促進する，実践に基づいた専門職であり学問である。社会正義，人権，集団的責任，および多様性尊重の諸原理は，ソーシャルワークの中核をなす。ソーシャルワークの理論，社会科学，人文学，および地域・民族固有の知を基盤として，ソーシャルワークは，生活課題に取り組みウェルビーイングを高めるよう，人々やさまざまな構造に働きかける。

　グローバル定義のポイントを強調すると，ソーシャルワークは「価値」を中核に据え，「知」を基盤として，「技術的」に介入する営みであるといえるが，その出発点としてクライエントとソーシャルワーカーがどのような関係を築くことができるかにより援助の行く末に変化が生じるという意味において，本章で説明する「原則」が重要となる。

　本書は，第7章において「理念」，第8章において「原理」，本章において「原則」についてまとめたが，理念，原理，原則の関係は概ね理念に基づいて原理が定まり，原理に基づいて原則が定まるという関係であり，ソーシャルワークにおける「原則」は，理念に基づく原理をより具体的な実践にするための共通の決まり事として受け止めるとよい。

　そのため本章では，「価値」を中核に据え，「知」を基盤として「技術的」に介入する場合の援助関係形成における原点として，ソーシャルワーカーが実践に臨む際に「具体的な思考の枠組みを与えてくれるので非常に参考」[2]になる「バイステックの原則」について学びを深めたい。

2　バイステックによるソーシャルワークの原則

アメリカの社会福祉学者バイステックが，1957年に著書『ケースワークの原則』において提唱した援助原則として，「バイステックの7原則」がある。相手と誠実に向き合い，より豊かな援助関係を構築する際に必要なソーシャルワーカーの姿勢について7つの原則として述べられている。

ソーシャルワーク実践において重要な原則であるが，バイステックの援助原則を活用する際に気にかけるとよい点として，事前に次の2点に言及しておく。

まず，バイステックが「ケースワークの原則」を出版したのは，現在から60年以上も前の1957年であることに留意してほしい。当時と現在では，人権意識を含め社会そのものが大きく変化している。記された内容はあくまでバイステックが生きていた当時の社会背景を基準としていることから，現在ではどこかしらに違和感が生じる可能性を含む。

また，バイステックはロヨラ大学に勤める社会福祉学者であったが，キリスト教（イエズス会）の司祭でもあった。そうした背景もあり，バイステックの記述には信仰を感じさせる表現が当然ながら見受けられる。バイステックと信仰が異なる者や主たる信仰をもたない者にとっては，バイステックの表現に共感的な理解が馴染まない場合もある。

これらのことについては，訳者である尾崎新が解説で述べている[3]ように，バイステックが生きた時代などを考えても，「ケースワークの原則」をそのまま現在のソーシャルワーク実践全般に適用させることには無理があるだろう。

しかし，ソーシャルワーカーがクライエントと築く援助関係において，気にかける必要のある7つの原則に関する記述は，現在のソーシャルワーク実践においても十分に示唆に富む内容となっている。実際，本書を含む多くのソーシャルワーク関連書籍においても古くから現在に至るまで大切に扱われている「原則」であることから，その重要性が伝わるだろう。

バイステックの原則の重要性についてブトゥリム（Z. Butrym）は，「バイステックが確認し分析していることは，時代や文化的環境の違いをこえて，もと

もと重要な『古くからの真理 old verities』であり，用語に改善の余地はあっても，ソーシャルワーカーの無視できるものではないことはたしか」であると[4]いっている。さらに，「ソーシャルワーク実践は，いかなる種類のものであれ，対人的つまり関係的なものとして概念化されなければならない」というゴール[5]ドスタイン（H. Goldstein）の言葉にもあるように，古いものであっても基本的価値原則から学ぶところが大きく，まさに温故知新といえるだろう。

3　援助関係を形成するための7つの原則

いわゆる「バイステックの原則」が記されている書籍の原題は *THE CASEWORK RELATIONSHIP* という。直訳すれば「ケースワークの関係」ということになる。第2章に「THE PRINCIPLES OF THE CASEWORK RELATIONSHIP」として「ケースワークの原則」がまとめられている。

その中に記された7つの原則は，一つひとつが完全に独立した原則としているわけではなく，クライエントとソーシャルワーカーの「信頼関係の形成」に向けて，相互作用のなかでスペクトラムとして折り重なりながら展開されるものであるとされる。そのことについてバイステックは，7つの原則は互いに独立しているわけではなく，それぞれの原則は相互に他の原則を含み込んでいる。つまり，1つの原則が適用できない場合，他の原則も当然のこととして適用されない事態となり，良好な援助関係が形成されないことになってしまう。良好な援助関係が築けない場合，知識や技術に基づく援助の過程そのものも成り立たなくなってしまうといっている。[6]

7つの原則の一つひとつは，クライエントのニーズに呼応したソーシャルワーカーの基本的態度としてまとめられており，その対応関係は表9-1の通りである。援助関係においてクライエントは単なる協力者ではなく，自分を自ら助けるために援助を利用する主体であることから，クライエントを中心に援[7]助を展開することがソーシャルワークにとって重要であるというバイステックの姿勢が示されている。以下，一つひとつの原則を取り上げながら解説する。

表 9 - 1　信頼関係を形成するための基本的姿勢（バイステックの 7 原則）

クライエントのニーズ	原則の名称
1　一人の個人として迎えられたい	クライエントを個人として捉える（個別化）
2　感情を表現し開放したい	クライエントの感情表現を大切にする（意図的な感情表出）
3　共感的な反応を得たい	ソーシャルワーカーは自分の感情を自覚して吟味する（統制された情緒的関与）
4　価値ある人間として受け止められたい	受けとめる（受容）
5　一方的に非難されたくない	クライエントを一方的に非難しない（非審判的態度）
6　問題解決を自分で選択し，決定したい	クライエントの自己決定を促して尊重する（クライエントの自己決定）
7　自分の秘密をきちんと守りたい	秘密を保持して信頼感を醸成する（秘密保持）

出所：バイステック，F. P.／尾崎新・福田俊子・原田和幸訳（2006）『ケースワークの原則——援助関係を形成する技法　新訳改訂版』誠信書房をもとに筆者作成。

（1）INDIVIDUALIZATION——クライエントを個人として捉える（個別化）

> 　クライエントを個人として捉えることは，一人ひとりのクライエントがそれぞれに異なる独特な性質をもっていると認め，それを理解することである。また，クライエント一人ひとりが良く適応できるよう援助する際には，それぞれのクライエントに合った援助の原則と方法を適切に使い分けることである。これは，人は一人の個人として認められるべきであり，単に「一人の人間」としてだけではなく，独自性をもつ「特定の一人の人間」としても対応されるべきであるという人間の権利にもとづいた援助原則である。[8]

　第 1 の原則は，**個別化**である。たとえば，すべてのシングルマザーの生活が同じ状況にあるわけでもなく，一人ひとりの抱える生活上の課題も異なっている。「シングルマザー」はその人を説明する際の状況を指し示す言葉でしかない。クライエントは，自分に起きている出来事について，よくあるケースの 1 つとして対応されることを望んではいない。個人として対応されることを望んでおり，ソーシャルワーカーは，一人ひとりがそれぞれに異なる独特な性質をもっていることを認める必要がある。大勢いるクライエントの一人ではなく，一人ひとりの違ったクライエントである。相手を世界でただ一人の存在として

尊重することが大切である。

（2）PURPOSEFUL EXPRESSION OF FEELINGS――クライエントの感情表現を大切にする（意図的な感情表出）

> クライエントの感情表現を大切にするとは，クライエントが彼の感情を，とりわけ否定的感情を自由に表現したいというニードをもっていると，きちんと認識することである。ケースワーカーは，彼らの感情表現を妨げたり，非難するのではなく，彼らの感情表現に援助という目的をもって耳を傾ける必要がある。そして，援助を進める上で有効であると判断するときには，彼らの感情表出を積極的に刺激したり，表現を励ましたりすることが必要である。[9]

　第2の原則は，**意図的な感情表出**である。人の心のうちは，複雑である。特に解決すべき課題に翻弄されているなかにあっては，クライエントの胸中には，ネガティブな感情とポジティブな感情のどちらもが存在している。ソーシャルワーカーは，クライエントが自分の前でどのような感情であっても自由に表現したいという気持ちをもっていることに気がつく必要がある。そのうえで，クライエントが気持ちを抑え込むことなく自分の感情を表現できる環境を作り出す工夫が求められる。多様な感情を安心して表現することは，クライエントが自分の問題を自分で解決する力を取り戻すために，多様な感情をソーシャルワーカーと共有し議論することを通して援助の方向性を見定める基礎となるからである。

（3）CONTROLLED EMOTIONAL INVOLVEMENT――ソーシャルワーカーは自分の感情を自覚して吟味する（統制された情緒的関与）

> ケースワーカーが自分の感情を自覚して吟味するとは，まずはクライエントの感情に対する感受性をもち，クライエントの感情を理解することである。そして，ケースワーカーが援助という目的を意識しながら，クライエントの感情に，適切なかたちで反応することである。[10]

　第3の原則は，**統制された情緒的関与**である。孤独でさみしいという相手と話しているとき，相手は自分にどのような反応を求めているのだろうか。孤独

を解消するための情報を求めているのか，それとも，孤独によるさみしさに共感してほしいのだろうか。ソーシャルワーカーがクライエントの感情に適切に反応するためには，クライエントの感情を適切に感知すること，感知した感情を適切に理解することが求められる。

　クライエントが自分の感情を表現した際に，ソーシャルワーカーもクライエントの感情表現に影響を受けることがある。場合によっては，クライエントの感情に引き込まれソーシャルワーカー自身の感情を見失う可能性もある。自分の感情やクライエントの感情をさまざまな角度から吟味し理解する技術を高めるためには，スーパービジョンの機会を活用することが有用である。

（４）ACCEPTANCE——受けとめる（受容）

> 　援助における一つの原則である。クライエントを受けとめるという態度ないし行動は，ケースワーカーが，クライエントの人間としての尊厳と価値を尊重しながら，彼の健康さと弱さ，また好感をもてる態度ともてない態度，肯定的感情と否定的感情，あるいは建設的な態度および破壊的な態度および行動などを含め，クライエントを現在のありのままの姿で感知し，クライエントの全体にかかわることである。しかし，それはクライエントの逸脱した態度や行動を許容あるいは容認することではない。つまり，受けとめるべき対象は，『好ましいもの』（*the good*）などの価値ではなく，『真なるもの』（the real）であり，ありのままの現実である。[11]

　第４の原則は，**受容**である。ソーシャルワーカーは，関係形成の過程においてクライエントを取り巻く「ありのままの現実」を受けとめる技術を必要とするが，「ありのままの現実」の受けとめを阻むものは，ソーシャルワーカー自身の自己理解の欠如である。もともとすべてのソーシャルワーカーが，完璧な技術をもっているわけではないし，そもそも完璧な技術などというものもない。だからこそすべてのソーシャルワーカーは，自己覚知を通して自分をよりよいソーシャルワーカーとして改善する余地があるし，より優れた技術を獲得するために成長し続ける責任がある。その積み重ねにより，より理解し受けとめることができるようになっていくものである。

（5）THE NONJUDGMENTAL ATTITUDE――クライエントを一方的に非難しない（非審判的態度）

> 　クライエントを一方的に非難しない態度は，ケースワークにおける援助関係を形成する上で必要な一つの態度である。この態度は以下のいくつかの確信にもとづいている。すなわち，ケースワーカーは，クライエントに罪があるのかないのか，あるいはクライエントがもっている問題やニーズに対してクライエントにどのくらいの責任があるのかなどを判断すべきではない。しかし，われわれはクライエントの態度や行動を，あるいは彼がもっている判断基準を，多面的に評価する必要はある。また，クライエントを一方的に非難しない態度には，ワーカーが内面で考えたり感じたりしていることが反映され，それらはクライエントに自然に伝わるものである。[12]

　第5の原則は，**非審判的態度**である。子どもの頃「怒らないから話してごらん」と言われて話をしたら，理由も聞かずに怒られた経験はないだろうか。クライエントは，自分が陥っている困難な状況に対して，理由も聞かずに個人的な見解または基準に基づいて一方的に非難されることを望んではいない。ソーシャルワーカーの役割はクライエントを非難したり問責したりすることではなく援助することである。相手が自分を非難する態度を示せば，自分の気持ちを表現することが妨げられてしまい，援助関係の形成に支障をきたすからである。しかし，クライエントを非難しない態度をとろうとするあまりに，人や物事を多面的に評価することを止めることは望ましい態度ではない。非難しないとは，何もしないこととは異なる。

（6）CLIENT SELF-DETERMINATION――クライエントの自己決定を促して尊重する（クライエントの自己決定）

> 　クライエントの自己決定を促して尊重するという原則は，ケースワーカーが，クライエントの自ら選択し決定する自由と権利そしてニードを，具体的に認識することである。また，ケースワーカーはこの権利を尊重し，そのニードを認めるために，クライエントが利用することのできる適切な資源を地域社会や彼自身のなかに発見して活用するよう援助する責務をもっている。さらにケースワーカーは，クライエントが彼自身の潜在的な自己決定能力を自らが活性化するように刺激し，援助する責務ももっている。しかし，自己決定というクライエントの権利は，クライエントの積極的かつ建設的決定を行う能力の程度によって，また市民法・道徳法によって，

> さらに社会福祉機関の能力によって，制限を加えられることがある。[13]

　第6の原則は，**クライエントの自己決定**である。クライエントは生まれなが
らにして自己決定をする能力を備えているという確固たる信念に基づいて展開
される専門的な営みがソーシャルワークである。したがってソーシャルワー
カーは，クライエントがもつ自由を最大限に保障したうえで支援を展開する責
任がある。

　クライエントが何かを決めるとき／決める必要があるとき，ソーシャルワー
カーはどのように決定の過程に関わることができるのか。意思決定の主体であ
るクライエントが物事を決定する過程をクライエントの意思を尊重して援助す
ることが大切である。しかし，どのようなことであっても，どのような場合で
あっても，クライエントの自己決定が尊重される場合ばかりではない。命を脅
かすなど，場合により自己決定の権利が制限されることも覚えておきたい。

（7）CONFIDENTIALITY──秘密を保持して信頼感を醸成する（秘密保持）

> 　秘密を保持して信頼感を醸成するとは，クライエントが専門的援助関係のなかで
> うち明ける秘密の情報を，ケースワーカーがきちんと保全することである。そのよ
> うな秘密保持は，クライエントの基本的権利に基づくものである。つまり，それは
> ケースワーカーの倫理的な義務でもあり，ケースワーク・サービスの効果を高める
> 上で不可欠な要素でもある。しかし，クライエントのもつこの権利は必ずしも絶対
> 的なものではない。クライエントの秘密は同じ社会福祉機関や他機関の他の専門家
> にもしばしば共有されることがある。しかし，この場合でも，秘密を保持する義務
> はこれらすべての専門家を拘束するものである。[14]

　第7の原則は，**秘密保持**である。クライエントは，自分に関する秘密をでき
る限り秘密のままで守りたいと考えている。話したくはないが，援助のために
必要なことであるからソーシャルワーカーに話をしたにすぎないという場合も
多い。ソーシャルワーカーは，クライエントからの信頼に応えるためにもクラ
イエントが打ち明けてくれた秘密の情報をきちんと保全したうえで活動するこ
とが大切である。

　秘密を守ることは，信頼関係を醸成するための基本である。言い換えると，

信頼関係を醸成するために秘密は守られなければならないともいえる。たとえば，多職種連携のチーム支援が展開されている場合など，専門職間において情報を共有する必要がある際には，専門職間において情報を共有する可能性を有している事実をクライエントに伝える必要があることも忘れてはならない。

4　バイステックの原則との付き合い方

　最後にバイステックの原則との付き合い方に触れておく。

　優れた知識があるからといって，その知識の通りに自分ができるとは限らない。バイステックの原則も，知識を得たからといって良好な援助関係を常に構築できるとも限らない。バイステックの原則の通りにならないこともある。大切なこととはいえ，バイステックの原則の通り実践することに気がとられすぎていては本末転倒である。バイステックの原則はあくまで援助関係形成における原則として具体的な思考の枠組みを論じているにとどまり，それに頼るだけでは臨床に対応するには十分とはいえないことも忘れてはならない。

　バイステックは，クライエントとソーシャルワーカーの援助関係形成において，ソーシャルワーカーとして自分がどこに向かっているかを指し示す「羅針盤」[15]を私たちに示してくれていることを心に留め置く必要がある。

注
(1)　社会福祉専門職団体協議会（社専協）国際委員会（2014）「『ソーシャルワークのグローバル定義』新しい定義案を考える10のポイント」スライド資料。
(2)　ブトゥリム，Z. T.／川田誉音訳（1986）『ソーシャルワークとは何か――その本質と機能』川島書店，66頁。
(3)　バイステック，F. P.／尾崎新・福田俊子・原田和幸訳（2006）『ケースワークの原則――援助関係を形成する技法　新訳改訂版』誠信書房，231～237頁。
(4)　(2)と同じ，74～75頁。
(5)　(2)と同じ，75頁。
(6)　(3)と同じ，28頁。
(7)　(3)と同じ，7頁。

⑻　⑶と同じ，36頁。
⑼　⑶と同じ，54〜55頁。
⑽　⑶と同じ，77頁。
⑾　⑶と同じ，113頁。
⑿　⑶と同じ，141頁。
⒀　⑶と同じ，164頁。
⒁　⑶と同じ，190頁。
⒂　⑶と同じ，235頁。

参考文献

デュボワ，B. L.・マイリー，K. K.／北島英二監訳（2017）『ソーシャルワーク――人々をエンパワメントする専門職』明石書店，158〜168頁。

仲村優一（1980）『ケースワーク　第 2 版新装版』誠信書房，139〜142頁。

バイステック，F. P.／尾崎新・福田俊子・原田和幸訳（2006）『ケースワークの原則――援助関係を形成する技法　新訳改訂版』誠信書房。

ブトゥリム，Z. T.／川田誉音訳（1986）『ソーシャルワークとは何か――その本質と機能』川島書店，66〜75頁。

ヘプワース，D. H. ほか／武田信子監修（2015）『ダイレクト・ソーシャルワークハンドブック』明石書店，117〜144頁。

ホリス，F.／黒川昭登・本出祐之・森野郁子訳（1966）『ケースワーク――社会心理療法』岩崎学術出版社，10〜12頁。

学習課題

①　バイステックの原則はなぜ大切であると思いますか？　考えてみましょう。
②　冒頭のミニワークに書き出した自分の姿勢や態度について，バイステックの原則を確認しながら振り返ってみましょう。

キーワード一覧表

第 10 章

ソーシャルワークの「芽生え」

　ソーシャルワークはどのような時代背景のなかで成立してきたのだろうか。イギリスの友愛訪問は，アメリカでの実践が積み重ねられ，個人を対象に専門的な援助方法を用いる「ケースワーク」となり，その専門家を「ケースワーカー」とした。セツルメントにおけるさまざまな教育においては，「グループワーク」という集団を対象とする新たな方法が生み出された。そして，地域を対象とした援助方法として「コミュニティ・オーガニゼーション」（コミュニティ・ワーク）が開発された。わが国では，この2つは同義として用いられている。3つがそれぞれ特定の機能における専門家として確立していたが，のちにアドミニストレーションやソーシャルアクション，ソーシャル・リサーチなどを含むクライエントのニーズに応じて用いる知識と技術の総称として「ソーシャルワーク」とした。

　本章では，篤志家やボランティアが行ってきた教会単位の救済が，やがて専門職の援助（ソーシャルワーク）となっていく経過とその時代の考え方について学んでいく。

ミニワーク

　あなたの知り合いが，ある日「生活費がなく苦しい生活が続いている」と打ち明けてきた。その理由として，どのようなことが想定できるだろうか。

（　　　　　　　　　　　　　　　　　　　　　　　　　　　　　　　）

1　イギリスの慈善事業の歴史

（1）産業革命と貧困

　18世紀後半，イギリスでは産業革命による技術革新に伴い国が繁栄する一方で，失業によって貧困者があふれた。また，工業化により人口が都市に集中し，大気汚染，低賃金，工場付近の治安の悪化やスラム化，疫病という新たな課題を生み出した。特に，都市に住む人の貧困問題は深刻さを増した。当時，生活困窮者は，町で窃盗や強盗などの犯罪をする社会的秩序を乱す者と認識され，厳しく取り締まる対象となっていた。しかし，実際には社会の発展のため経済活動に勤しんだ結果が貧困者を生み出していた。

　そのことを明らかにしたのが，ブース（C. Booth）である。ブースは，1892年『ロンドン市民の生活と労働』を出版し，約400万人の市民を対象に調査した結果を示した。そこでは，ロンドンに住む約30％の市民が貧困に陥っていること，そして全体の10％の人たちは，今すぐ何らかの援助を必要とする困窮状態にあり，その理由が安定しない雇用や，低賃金といった社会の側の要因にあることを明らかにした。

　貧困者を救済するために，慈善活動団体や組織が次々に登場してきたが，どのような人にどのくらいの救済をすればよいのかというノウハウもなく，求められるがまま物資や金銭的援助がなされていた。また，一人の貧困者が複数の慈善事業団体から救済を受けたり，同じ内容の救済をいくつも受けたり（濫救），本当に必要な人たちに救済が届かなかったり（漏救）する問題が目立った。貧困者に与え続ける施しは，本当の意味での問題解決にならずにかえって依存させていくのではないかという見方もあった。このような状況を改善し，慈善団体を組織化していくことの必要性から **COS**（**慈善組織協会**：Charity Organization Society）が創設されることとなる。ちなみに「慈善」という言葉はチャリティを日本語にしたものであり，キリスト教の信仰に基づいた「隣人愛」の具体的な実践を表している。

（2）イギリスにおける COS

1869年4月，ロンドンに「慈善的救済組織及び乞食制圧のための協会」が創設され，これが翌年「慈善組織協会（COS）」に改名した。この制度のモデルは，ドイツのハンブルグで行われていた「エルバーフェルト制度」だといわれている。COS の役割は，無制限に施してしまう救貧に一定の規則を作り，抑制するというものだった。そのため，以下の4点に主軸を置いた。[1]

---

① さまざまな慈善活動団体との関係性を築き互いに協力しながら，慈善活動を組織的に行う。
② 救済対象を「救済に値する人」に限定する。
③ 貧困家庭を「友愛訪問員」が訪ねて，直接話を聞いて状況を把握する。スローガンは「施しではなく友情を」とし，機械的，事務的に貧困家庭に金銭支給をせずに新たな救貧対策をする。
④ 「友愛訪問員」の資質の向上によって高い水準で慈善活動を行う。

COS を設立したことによって，救済することは単に施すことではなく，生活改善と自助を促進することであることが明確化された。また，このように組織化し1つの目的に向かって COS を運営し機能させていく方法は，**ソーシャル・アドミニストレーション**の技術を発展させていくことにもなった。

イギリスにおける COS を先導したのは，ロック（C. S. Loch）である。COS では，援助を必要としている家庭への個別訪問，ケース記録，慈善団体との調整などを徹底した。家庭訪問は，友愛訪問員（friendly visitor）と呼ばれるボランティアが地区ごとに事務所を作り拠点を置いて活動した。この時代には，ケースワークという言葉は用いられておらず，「**友愛訪問**」と呼ばれていた。COS の考え方では，貧困になった原因は個人の努力不足や能力不足によって起きており，救済を行う援助者の力量によってその不足は充足され，個人が変わっていくことで問題解決に至るというものだった。そのため，友愛訪問の対象者は「価値あるケース」と「価値のないケース」に分けられた。具体的には，誠実，まじめ，人付き合いがよい，怠け癖のないのが「価値あるケース」であり，そうでない人が「価値のないケース」とした。このような主観的な判断から脱却し，今の困っていることの背景に何があるのかに光を当てていくことの

必要性が問われるようになるのは少し先のことである。

　1980年代になると，ボランティアだった友愛訪問員の活動は有給となった。すると友愛訪問員たちのなかに「自分たちは専門的な仕事をしている」という意識が生まれてきた。COS では，援助が必要と判断された家庭に，自宅訪問し，衣類や食料だけでなく現金も届けていた。当時の活動の財源の多くは寄付で賄われていた。そのため，本当に必要な人に援助が届くように，必要性を見極めて判断することが求められた。貧困という事実だけに目を向けるのではなく，その人の性格や成育歴，家族関係にも着目して判断した。しかし，もともとはボランティア活動として行われていたため，専門的な知識や技術があるわけではなく，マニュアル程度があるのみだった。貧困者を総合的に見ていくことが必要になってくると，そこにはある一定の専門技術が必要となった。

2　アメリカの慈善活動の起源

（1）貧困の個人責任

　アメリカは1837年から6年にわたる恐慌を経験した。ニューヨークの証券会社は破綻し，不動産価格は崩壊した。いわゆる金融危機である。労働者の賃金も減少し，市民の生活は苦しくなり，失業者も増大した。そして，貧困状態にある人が救貧院にあふれた。当時のアメリカの貧困層の多くは，ヨーロッパからの移民であった。救貧制度によって救貧院での救済があったものの，十分なものでなかった。

　勤労と節約というピューリタニズムの価値観，自助努力，自由競争という考え方のなかでは，貧困な状況は個人の「怠惰」や「努力不足」によって起こるものととらえられ，その考え方はイギリスよりも強いものだった。民間のボランティアや教会による慈善活動が行われていたものの，そこでは慈善活動を行う者の満足感は得られる一方で，濫救と漏救はやはり起こり，本当に手助けが必要な人に届かない事態が生じていた。この状況はイギリスのときと同様であった。

（2）貧民生活改善協会の活動

　1843年ニューヨーク市に貧民生活改善協会（AICP：Association for Improving the Condition for the Poor）が設立された。AICP は，申請者のニードの個別調査をしたうえで，直接的な接触を通して，生活態度や考え方などを改善するよう助言し，自立することを目的としていた。貧困の原因を怠惰や浪費ととらえ，慈善よりも自助を強調した。しかしながら，いくら励ましや助言をしたところで，問題解決にはならないことから，環境改善をも目指すようになっていく。このような直接ニーズのある人と関わりながら生活や環境を改善する取り組みは，ケースワークの芽生えともいえるものだった。

　個人のニーズに迫り，必要な救済をしながら生活や環境を改善することによって自助を促していく慈善活動では，援助する側に相当の知識や能力が必要とされるようになる。目の前の救済を必要としている人が貧困に陥った理由は一人ひとり異なっているため，適切に個別の事情を把握し，それに適した援助ができることが求められてきた。そして，貧民を助けたいというボランティア活動は，のちに専門職へと進化していく。この活動は，COS の前身ともいわれている。

（3）アメリカの COS 活動

　1877年，ニューヨーク州にバッファロー COS が設立された。協会のなかには，「中央事務局」を置いた。ここでは，申請者を登録カードで照会できるようにした。登録カードには，家庭の個人情報にあたることも記載されており，家族の背景やそこから発生するニーズを把握するためには有効であった。また，すでに何らかの慈善組織から援助を受けていないかどうかが把握でき，濫給を防ぐこともできた。調査や記録を重視したため有給の専門調査員が雇われ，貧困者その人の理解に努めることが重視された。そのため，有給の専門調査員と友愛訪問員（1～2名）が小地区を担当した。さらには，複数の機関や協会が救済の対象者とそれぞれ個別に関わる際に起こる課題を解決するという目的で「地区ケース会議」を開き，情報の共有を行った。このような連絡・調整機能がやがてコミュニティ・オーガニゼーションにつながっていくことになる。

　19世紀の末には全米で140の COS 団体が見られ，大きな広がりとなった。当初，COS は貧困問題にまつわるすべての問題を扱ってきたが，各分野ごとに分化していったのが，1900～1910年頃である。慈善事業が次第に社会事業となるに伴って，「家庭福祉協会」と名称を変えていったのもこの時期である。

3　リッチモンドの功業

（1）リッチモンドの生い立ち

　リッチモンド（M. Richmond）は，1861年にイリノイ州ベルビルで4人兄弟の2番目として生まれた。両親はリッチモンドが幼いときに亡くなったため，ボルチモアで暮らす貧しい祖母と叔母に引き取られた。政治や人権問題，スピリチュアリズムなどについて議論する大人のなかで育った。このような生い立ちがリッチモンドの批判的思考と社会活動を促進した。

　1889年，ボルチモア慈善組織協会で会計係として働いた。リッチモンドは，COS 活動に特別な関心があったわけでもなく，広告で求人募集を見て応募した。次第に，慈善事業の広報係などの仕事も任され，責任者となって友愛訪問や講演会などの仕事もしていた。

（2）教育機関の立ち上げ

　さまざまな分野の慈善活動に携わっている人たちが広い視野をもつこと，知識を獲得し，共通的な基礎を確立することの必要性を感じたリッチモンドは，教育・訓練機関の設立を提案した。このことは，1897年の「全米慈善・感化会議」で提言された「応用博愛訓練学校の必要性」からも見ることができる。

　1898年夏には，6週間の「博愛訓練コース」を設置した。1904年には，ニューヨーク慈善博愛学校（1年制）が開設し，1911年には2年制の学校となった。しかし，この頃は体系的なカリキュラムがなかったため，講習会的なものであった。この学校は，のちにアメリカに広がっていった。

（3）専門職の誕生

　1907年にリッチモンドは，全国慈善矯正会議
に出席し，「友愛訪問」を発表した。1917年に
は，これまでのケース記録を分析し『社会診
断』が発刊された。この書籍を執筆するために，
社会学，心理学，法学，医学，論理学，歴史学
などを学び，理論的な研究を進め，ケースワー
クとして行われてきたことを系統的に収集・分
析してきた。貧困家庭への救済のほかにもケー
スワークの考え方を用いている医療分野や非行
少年を扱うような少年裁判所の事例などについ
ても考察した。このことを通して，どのような
問題があっても共通する援助の方法や視点があ
ることも明らかにした。

写真 10 - 1　メアリー・リッチモ
　　　　　　ンド

出所：Timberlake, E. M. et al. (2007)
*Generalist Social Work Practice:
A Strengths-based Problem Solving
Approach*, ALLYNG BACON.

　ケースワークの目的は，目の前の困っている
人を援助することである。何に困っており，どうしてそのようになったのかを
調べることを「調査」というが，リッチモンドは単なる調査ではないため「診
断」と表記した。「診断」とすることによって，それへの対処が必ず必要にな
るという理由からである。

　リッチモンドは，ケースワークの定義を，「社会的証拠」の収集，「比較・推
論」をしたうえで，「社会診断」していく過程とした。この場合の「社会診断」
とは，「クライエントの社会的状況とパーソナリティをできる限り正確に定義
する試み」とした。さらに，1922年には『ソーシャル・ケースワークとは何
か』を出版し，「ソーシャル・ケースワークは，人々とその社会環境との間に，
個々別々に，意識的にもたらされる調整を通じて，人格の発達を図る諸過程か
ら成り立っている」と定義した。この定義で押さえておきたいことは，①個別
化した対象に対して，②人格に働きかけることを通して発達していく過程とし
ている点である。

（4）第一次世界大戦とソーシャルワーク

　第一次世界大戦に参戦したアメリカでは，戦争に夫や息子を送り出した家族，負傷した者，精神的なダメージを受けた者，生活環境の変化による極度の不安やストレスにさいなまれる者などさまざまな問題を抱える者があふれた。

　このことにより，これまでは一部の貧困階層に焦点が当てられていたソーシャルワークの対象が一気に広がりを見せることになった。一般市民層も貧困状態に陥り，ケースワークの需要が高まった。これまでは，対象者のことを「貧民」や「ケース」と呼んでいた。この呼び方は，社会的立場が優位である者が劣者に施すという態度が秘められているといわれ，ソーシャルワーカーの社会階層と対象者の階層が異なっているということが前提であった。しかし，第一次世界大戦によって，その階層はなくなり，夫の戦死によって子どもを抱えながら生活が困窮した者なども対象となった。この頃から対象者を「クライエント」というようになった。リッチモンドは，『社会診断』の中で「クライエント」という言葉をはじめて用いたが，対等な立場を示すものとして現在も使われている。

（5）「診断主義学派」と「機能主義学派」

①　診断主義学派

　第一次世界大戦後に一時的に経済が繁栄したことによって，それまでの貧困は過去のことと忘れ去られていた。この時期は1929年のニューディール政策や1935年の社会保障法など，公的な責任を明確にすることが求められた。また，個人が抱える問題は，人間関係や心の問題であるととらえられており，ケースワークはこのような問題に対応することを迫られた。伝統的なリッチモンドのケースワーク論にフロイトの精神分析理論を融合させたものに依拠することになったのが1920年代のことである。これによって専門職化と体系化を図ることになった。精神分析理論は精神医学，心理学，社会学，文学，教育学などに影響を与えたが，それらがケースワークに与えた影響は大きかった。その理由としては，ケースワークが学問領域として未熟であったためである。精神分析の枠組みを用いることによって，社会改良を進めることは多くのケースワークを

取り扱う機関のプログラムから消えてしまい，心の問題に焦点化していった。ケースワーカーたちは，クライエントに精神分析概念を語るようになり，ときには「偽りの分析家」といわれることもあった。つまり，ケースワーカーは「セラピスト」になり，精神分析とケースワークの境界線がなくなり，「医学モデル」はよりいっそう発展していった。一方，セラピーを必要とするようなクライエントは一部であるため，対象が限定的になってしまうことや，セラピーの効果を感じられない場合にはクライエントはそれを拒否することも見られた。

　この背景には，児童相談所においてケースワーカーが精神科医，心理学者とともに治療を行ってきた歴史がある。精神科医とともに働くなかで，ケースワーカーは精神分析を学び，訓練を受けるようになり，専門職として位置づけられた。しかし，個人の心理的な状況にケースワークが対応するという個人改良志向は，社会や環境の側を改良していこうとしていた志向を過去のものにしてしまったともいわれた。

　②　機能主義学派

　アメリカの世界恐慌によって失業者があふれかえる事態となり，約2000万人が生活保護を受給していた。クライエントの心理や性格に焦点化して援助してきたケースワーカーは，大不況のなかで生じた貧困問題を個人因子としてとらえる「診断主義学派」の考え方に疑問をもつようになった。

　1930年代になると，「機能主義学派」が登場し，ケースワークは 2 つに分裂した。「機能主義学派」は，フロイトの弟子だったランク（O. Rank）の意思心理学の影響を受けている。意思心理学の考え方は，人には自ら成長しようとする意思が存在するというものである。そのためクライエントを中心において，ケースワーカーの所属する機関の機能を活用してもらうことによってクライエントの自我の自己展開を助けることが中心課題とした。「ケースワーク場面におけるクライエントの屈辱感や不安の体験そのものを問題にする[3]」のが機能主義学派の考え方である。

　③　両学派の対立

　1940年になると，派閥はより明確になり「診断主義学派」「機能主義学派」と対立するようになり論争となった。人の行動は過去の出来事や幼少期の経験

などによって現れてくると考え，その状況から脱するためには自らの心理的過去を振り返るという「診断主義学派」と，人を理解するためには今置かれている状況や環境との関連でのみ可能という考え方の「機能主義学派」とはまったく異なっていた。

　素人の精神分析家になってしまったソーシャルワーカーは，貧困問題や社会問題といった社会的視点を欠落させてしまい，その責任追及がなされるようになった。そもそも「ソーシャルワークは効果があるのか」という疑問が起こり，無用論まで出現した。また，「ソーシャルワーク」の「ソーシャル」がもはや消えてしまっているという議論もなされ，あらためて「ソーシャル」とは何なのかを考え「社会環境」が注目されるようになる。

　1960年代には，アメリカにおいてこのような診断主義では，「環境」よりも「人」に関心が集中したあまり，人を「問題のある治療すべき対象」としてとらえ，依存的傾向を矯正する必要のある人としてきた。しかし，それでは対応できない状況になってきたのである。

4　セツルメント運動

（1）COS からセツルメント運動へ

　COS と同様に重要な役割を担っていたのが，セツルメント運動である。セツルメント運動とは，知識人や裕福な人たちがスラム街や貧困者の生活エリアで「隣人」としてともに生活し，人格的な接触や交流を通して社会改良を目指すものである。貧困は個人の問題ではなく社会の仕組みや経済状況によって生み出されるという考え方であった。この運動は1884年のロンドンのトインビー・ホールからはじまる。はじめて組織的に活動したのがバーネット（S. Barnett）である。バーネットは，オックスフォードのワーダム・カレッジを卒業後，教員をしていた。1867年にロンドンの荒廃した地域にあった英国協会の助祭となり，イースト・エンドの聖マリア教会の牧師フレマントル（W. H. Fremantle）の下で働いた。この教区にはじめて COS が結成され，バーネットは，教育に恵まれない貧民の子どもたちのために学校を経営したり，労働者の

クラブを組織するなど事実上のセツルメント運動を行った。

　COS 活動のなかで，ロンドンのイースト・エンドの貧困状態がそこで暮らす住民たちの心身状況に影響を及ぼすような労働環境であることを実感し，COS からセツルメント運動へ転換していった。バーネットは，イースト・エンドの状況を母校のオックスフォード大学で学生に伝え，協力を依頼した。そして，教会の牧師館のうちの１つを近隣地域コミュニティセンターとして機能させるべく，大学生を集めてコミュニティセンターに住まわせて，近隣の家族とともに働いてもらった。

（2）トインビーとセツルメント

　1875年，バーネットに勧められ，ホワイトチャペルの COS 事務所の近所に下宿しながら，訪問員として活動したのがトインビー（A. Toynbee）である。

　彼は，オックスフォードに入学し，社会問題を解決する基礎として経済学を専攻した。卒業後，経済学とインド問題を教えながら，貧困が資本主義経済の自由主義的なあり方に基づくことを明らかにし，社会改良の必要性や可能性，方向性について検討してきた。このような背景が，セツルメントの理論的な確信を強固にした。

　阿部志郎は，このことについて「トインビー・ホールを計画し，建設し，具体的に内容を充実せしめた中心人物はバーネットである。しかし，トインビー・ホールの深い精神的支柱として生々とした豊かな源泉となっているのは，アーノルド・トインビーであるといわなければならない。従ってトインビーと切離したセツルメントは考えられないといっても過言ではない」と述べている。[4]

（3）大学セツルメントの成立

　トインビーは31歳という若さで亡くなった。彼は，生前イースト・エンドに一軒家を借り，期間の長短を問わずに滞在できる場所を確保し，そこで暮らしながら貧困者と悲しみを分かち合うようにバーネット夫妻に助言した。この地域で暮らす人々の多くは，余暇の時間をとることもできず，教育は読み書き，計算がかろうじてできる状況にあった。人々は，悲しみを分かち合うこともで

きる環境がなかったため，意図的に作り出す必要があった。

　1884年５月にオックスフォード大学とケンブリッジ大学による大学セツルメント協会が結成され，トインビー・ホールが発足した。ここでは，慈善を施すのではなく，工場労働者や日雇い労働者が自立していくための新しい方法を助言すること，具体的には，教育と文化に触れる新たな機会を提案することを目的とした。

　バーネットは，イーストロンドンの貧困者には二階層あることを認識しており，それぞれに合ったものを提供していく必要性について具体的に活動例をあげている。たとえば，工場労働者には，大学の公開講義や書物，絵画の展示，読書会や音楽会といったイベントの開催など教育的な活動によって「知識や品性や幸福感」という人生を豊かに送るために必要なものを提供する。日雇い労働者には，生命を維持するために必要な食べ物や衣服，金銭などを与えず，そのような金品の提供をむしろ批判していた。直接援助を行うのは，大学人ではなく政府機関や慈善救済組織だと考えていたからである。つまり，大学人は貧困者を援助するように組織や機関に働きかけることを職務とすべきということ

写真 10-2　バーネットとトインビー・ホールの最初の住民たち（1885年）

出所：Explore　Toynbee　Hall（https://explore. toynbeehall. org. uk/ stories/ founder-of-toynbee-hall-henrietta-barnett/）。

である。

　大学セツルメントが行う活動は①衛生援助委員会，②大学拡張，③慈善組織協会，④教育委員会，⑤協同組合，⑥クラブの６つであった。

　このなかでも特に力を入れていたのが，教育的な活動や教育委員会との連携であった。大学セツルメントは，日雇い労働者の子どもたちを対象として，教育に力を入れた。その理由は，次世代を担う子どもを正しく育てることができれば，この世代でかなわなくても，次世代ではよくない環境のなかで育つことが少なくなるからだ。たとえば，工場労働者の子どもたちは，学習援助やクラブ活動，スポーツを行うことで成功体験を得るなどしてよい影響があると考えられた。一方で，日雇い労働者の子どもたちは，希望をもたない階層であるためできるだけ目を離さないようにし，場合によっては施設に入所することを検討しながら劣悪な環境からの離脱を目指せるとした。

5　アメリカのセツルメント運動

　アメリカに COS が導入されたのは，1877年のことである。福祉制度や政策が整備されていなかったため，民間事業が発展していった。のちに救貧制度ができあがるものの，救貧の対象になる人が限られていたため，COS への期待は高く，広がっていった。

（1）ハル・ハウスの実践

　アメリカでは，1886年ニューヨークのスラム街にイギリスのトインビー・ホールで学んだコイト（S. Coit）が，ネイバーフッド・ギルト（Neighborhood Guild）を設立した。さらに，1889年には，シカゴにジェーン・アダムス（J. Addams）がスター（E. G. Starr）とともに，シカゴにある古い邸宅でハル・ハウス（Hull-House）を創設した。ここでは，セツルメントでのプログラムの内容が拡大し，保育所，児童キャンプ活動，移民支援，婦人参政権運動など多数の教育的な目的をもつものや芸術振興活動が含まれるようになる。このような実践の積み重ねが1930年代に**グループワーク**の方法の成立につながった。アメ

リカのセツルメント運動は移民に対する社会や文化に適応していくために，また労働条件や生活条件の改善の拠点として発展していった。20世紀の初頭には400か所を超えるセツルメント運動が行われた。

（2）ヘンリー・ストリート・セツルメント

　ウォルド（L. D. Wald）は，1895年に小さなアパートで友人たちとヘンリー・ストリート・セツルメントをはじめた。当時のニューヨークで行われていた訪問看護は，協会や無料で看てもらえる施設がある一方で富裕層に対するプライベートナースというような特別なものだった。ウォルドは，どのような経済的，社会的地位にある者も，年齢，性別，人種に関係なく平等に医療を受ける権利があると主張した。

　1915年頃には，1100人以上の患者の在宅ケアを行っていたといわれている。ここで行われていたのは，このような訪問看護を主としながらも，健康増進や衛生についてその教育を広めていく活動であった。

（3）ハートレー・ハウスと訪問教師

　1900年代のアメリカは産業革命期であった。ニューヨーク市のハートレー・ハウス（Hartley House）では，貧困家庭の子どもたちが教育を受けられるように家庭と学校が協力していくための取り組みを模索しはじめた。そして，家庭と学校を訪問するための訪問教師（visiting teacher）活動をはじめる。この役割を担っていたのが，セツルメントワーカーであった。当時，多くの移民が大都市に流入し，就学義務の圧力が増す一方で，子どもたちは労働力として扱われていることもあり就学できない状況もあった。訪問教師は，学校と地域社会・家庭との「結び目」として登場した。この活動に類似したものが1906年にはシカゴで，1907年にはボストンやハートフォードでも実践された。

　この実践がアメリカでスクールソーシャルワークの必要性を明らかにしたものであり，のちのスクールソーシャルワーカーにつながっていったといわれている。

　産業化や都市化が拡大し，さらには移民が流入することによって混乱したア

メリカ社会では，保健と衛生，労働における安全への関心の欠如，劣悪な住宅事情，移民との文化的な衝突が起こっていた。これらに対応すべくセツルメント運動は，**権利擁護**（アドボカシー）とソーシャルサービスを結びつけていった。

注

⑴　大塚達雄・井垣章二・沢田健次郎・山辺朗子編著（1994）『ソーシャル・ケースワーク論——社会福祉実践の基礎』ミネルヴァ書房。
⑵　Richmond, M. E. (1917) *Social Diagnosis*, Russell Sage Foundation, p.51.
⑶　黒川昭登（1996）『臨床ケースワークの基礎理論』誠信書房，143頁。
⑷　阿部志郎（1957）「アーノルド・トインビーの生涯と思想——セツルメント運動の社会思想的考察」『明治学院大学論叢』44（1），27頁。
⑸　倉石一郎（2014）『アメリカ教育福祉社会史序説——ビジティング・ティーチャーとその時代』春風社，10頁。

参考文献

阿部志郎（1957）「アーノルド・トインビーの生涯と思想——セツルメント運動の社会思想的考察」『明治学院大学論叢』44（1），27頁。
岡本民夫監修（2004）『社会福祉援助技術論（上）』川島書店。
小松源助・山崎美貴子編（1977）『ケースワークの基礎知識』有斐閣。
高島進（1980）「トインビー・ホールの思想——A・トインビーとS・バーネット」『社会福祉学』21（1），51〜72頁。
仲村優一（1964）『ケースワーク』誠信書房。

学習課題

①　ソーシャルワークという仕事が専門職であるといわれる（認められる）理由について考えてみよう。
②　トインビー・ホールがイーストロンドンの中で行ってきたセツルメント運動について説明してみよう。

キーワード一覧表

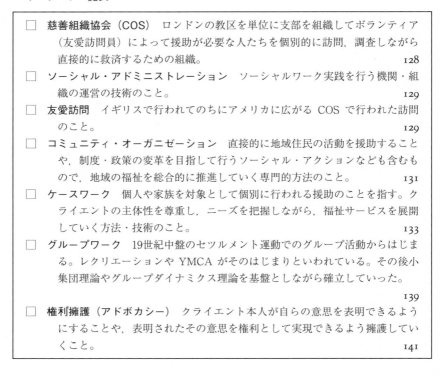

☐ **慈善組織協会（COS）**　ロンドンの教区を単位に支部を組織してボランティア（友愛訪問員）によって援助が必要な人たちを個別的に訪問，調査しながら直接的に救済するための組織。　128

☐ **ソーシャル・アドミニストレーション**　ソーシャルワーク実践を行う機関・組織の運営の技術のこと。　129

☐ **友愛訪問**　イギリスで行われてのちにアメリカに広がる COS で行われた訪問のこと。　129

☐ **コミュニティ・オーガニゼーション**　直接的に地域住民の活動を援助することや，制度・政策の変革を目指して行うソーシャル・アクションなども含むもので，地域の福祉を総合的に推進していく専門的方法のこと。　131

☐ **ケースワーク**　個人や家族を対象として個別に行われる援助のことを指す。クライエントの主体性を尊重し，ニーズを把握しながら，福祉サービスを展開していく方法・技術のこと。　133

☐ **グループワーク**　19世紀中盤のセツルメント運動でのグループ活動からはじまる。レクリエーションや YMCA がそのはじまりといわれている。その後小集団理論やグループダイナミクス理論を基盤としながら確立していった。　139

☐ **権利擁護（アドボカシー）**　クライエント本人が自らの意思を表明できるようにすることや，表明されたその意思を権利として実現できるよう擁護していくこと。　141

第11章

ソーシャルワークの「発展」

　本章では，第10章のソーシャルワークの「芽生え」からの展開を受け，現在進行形で発展しているソーシャルワークの形成の過程について取り扱う。はじめにソーシャルワーカーの見方として，医学モデルと生活モデルという２つのモデルとストレングス・パースペクティブという視点を紹介する。次に1960年代以降のアメリカのソーシャルワークに関わる展開を踏まえながらジェネラリスト・ソーシャルワークとして「発展」してきた形相をとらえる。最後に，ジェネラリスト・ソーシャルワークを基礎理論とする［地域を基盤としたソーシャルワーク］についても触れることとする。

ミニワーク
　あなたは，はじめて会った人のどのようなことがわかれば，その人を“知る”ことができると考えますか。

- 何を聞けばその人を知ることになるでしょうか。
- どのように聞けばそのことを知ることができるでしょうか。
- 聞く以外に知るためにどのような方法があるでしょうか。
- 目の前の人が高齢者や子どもだった場合，一人で子どもを育てているお父さんだった場合，知るための方法等に違いはあるでしょうか。
- そもそもソーシャルワーカーは，対象となる方をなぜ“知る”必要があるのでしょうか。

1　ソーシャルワーカーの見方

　ソーシャルワーカーが何らかの支援を必要とする人に出会ったとき，対象や課題をどのように認識するのか。ソーシャルワークでは2つのモデルと1つの視点があげられる。モデルとは医学モデルと生活モデルであり，視点とはストレングス・パースペクティブである。よく医学モデルから生活モデルへ……と示されることがあるが，ここでは，AからBへというような転換としてではなく，時代の変化や社会の求めに応じて変化してきたものとしてとらえたい。

（1）医学モデル

　医学モデル（medical model）は，病理モデルとも表される通り，何らかの困り事を抱える個人や環境の病理的原因を探る。たとえば，学生相談室に「教室に入るとおなかが痛くなる」と相談に来た学生に対し，医学モデルで対象や課題を認識する場合，おなかが痛くなる原因を学生個人やクラス・家庭などの中から探り，その原因を取り除こうとする。

　医学モデルは，イギリスではじまり，アメリカで広がったソーシャル・ケースワークそのものの発展とリンクしている。アメリカで慈善活動として展開されていたソーシャルワークは，リッチモンド（M. Richmond）によって公式化され，理論的基礎を築いたといわれている。バートレット（H. M. Bartlett）は，リッチモンドによって先駆的になされたケースワークの公式化は，医学から社会診断（social diagnosis）の概念を，法律学から社会的証拠（social evidence）の概念を導入し，医学からはさらに調査，診断，治療からなる臨床モデル（clinical model）を提供したと述べている。

　そして精神分析的精神医学が役立つとみなされ，ケースワーカーは精神科医とともに精神医学モデル（psychiatric model）に基づいて実践するようになり，「小さな精神科医」と呼ばれるほど，治療に力点を置く医学モデルが強化された。医学モデルをベースに展開されるソーシャル・ケースワークは，ソーシャルワークのメインストリームとなり，専門的アイデンティティの形成にもつな

がった。一方で，個別援助はケースワーカー，グループワークはグループワーカー，コミュニティへの介入はコミュニティオーガナイザーなどと専門分化することにつながり，それぞれの専門性とそれぞれの専門家へと特殊化（specific）する傾向を強めた[2]。

（2）生活モデル

　1960年代になり，ジャーメイン（C. Germain）らによって医学モデルに代わる新しいメタファーの必要性が叫ばれた。生活モデル（life model）という用語は，1963年にバンドラー（B. Bandler）によって用いられた。バンドラーは，実践はライフ（life）それ自体をモデルとするべきであるとした[3]。ジャーメインとギッターマン（A. Gitterman）は，生活モデルを「病気や逸脱やそれに類する言葉にみられる過程をモデルとしたものであるというよりは，むしろ生活過程そのものに根差した実践原理を提供するものである」と述べている[4]。生活モデルは，現在に至るまでソーシャルワークの主たる課題認識の範型として位置づいている。その間にライフ・サイクルモデルからライフ・コース概念へ，個人・家族・集団を援助することから地域・団体・立法組織へ影響を与えるまでの方法とスキルを指摘するなど変化が見られるが，一貫して生態学理論を理論的基盤として用いている。生態学は，いかにして人々（有機体）が環境との適応バランスを達成でき，あるいは崩してしまうのかが主要な論点となっている。

　先の学生相談に来た学生への対応を考えた場合，学生が置かれている状況を丁寧に情報収集し，危機的な状況かどうかの判断やどのようになったら安心して過ごせるのかを考え，関係者間の関係性を整理し調整することになるだろう。生活モデルの登場は，ソーシャルワーカーに大きなモデルチェンジを求めるものであった。生活モデルによってソーシャルワーカーは，その人が抱える問題から，その人を取り巻く環境を含めた「状況の中の人」をとらえ，その人と環境の適用に着目し介入することになる（図11‒1）。

（3）ストレングス・パースペクティブ

　今日国際的にも一般的となったジェネラリスト・ソーシャルワークでは，

図11-1　人と環境に関わるソーシャルワーカー

出所：筆者作成。

人々に共通するニーズをとらえるうえでストレングス・パースペクティブが位置づけられている。ジョンソン（L. C. Johnson）とヤンカ（S. J. Yanca）によると，「ワーカーは欠点ではなく，できる事と強みに目を向ける。このアプローチは，人と取り組む際のエンパワメント，元に戻ろうとする力，自らの回復，全体性についての重要性を指摘するものである」と述べている。加えて，このアプローチに貢献したサリビィ（D. Saleebey）の，①あらゆる個人，グループ，家族，コミュニティはストレングスをもっている，②あらゆる環境には資源がたくさんあるという2つの基本的な考え方を紹介している。⁽⁵⁾

　冒頭の学生相談を考える際，学生が自らの痛みや辛さを自覚し，また他者に伝えることができていること，そして相談場所として学生相談室を認識し，相談に訪れることができるという本人のストレングスに着目することができる。

　以上のように，ソーシャルワーカーは何らかの困り事を抱えた個人や環境を認識する。目の前にいるこの人が何に困っているのか，その原因を探ることもあれば，その人が暮らす環境や関係性を明らかにして調整することもある。また困り事というその人（環境）の課題や弱みだけでなく，その人（環境）のもつ強みにも目を向ける。1つのモデルや視点を選択することが求められるのではなく，また1つのモデルや視点だけで人と環境を理解することはできない。困り事を抱える人とその人を取り巻く環境を，どのように認識すれば課題解決に向けて進むことができるのか，ソーシャルワーカーの見方と見立てが問われることとなる。

2　ジェネラリスト・ソーシャルワークへの注目

（1）社会問題の拡大とソーシャルワーク

　ソーシャルワークは人と人が生きる環境に関わるため，否が応でも社会状況に影響を受ける。アメリカのソーシャルワークも，1929年の世界大恐慌による失業・貧困の増大により，方法論としても制度的にも大きく影響を受けた。1950年代以降も，アメリカ国内では人種問題（-ism）をはじめ犯罪，公害，貧困などの社会問題が噴出して公民権運動等が生じ，国外ではベトナム戦争が長期化していた。そしてソーシャル・ケースワークに対しては，「社会問題としての生活問題を個人のパーソナリティ問題に還元し，社会的解決を求めるクライエントを抑圧している」という批判，そして「クライエントとワーカーとの文化差，制度の改変や社会資源の開発などに対するワーカーの無力さ」に対する批判があった[6]。

　一方で，ジョンソンとヤンカは，1946年から1960年にかけてソーシャルワークは社会と同様に大きく発展したと述べている。「貧困はなくなっていくという確信があり，それが関心を集めることは少なかった。ソーシャルワークの多くのエネルギーが専門職としての組織化と専門職教育に注がれた。クライエントは貧困層ではなく適応問題を抱えた中流階級が多数を占めた。この志向は協調への社会の要求と豊かな社会の幻想を反映したものであった。またこの時期はソーシャルワークが時代の精神を反映した，統一された専門職を目指した時でもあった。理論は立場を明確にし，その立場を守ることで発展した。このことが既存の理論を発展させ，統一したアプローチを目指す新しい理論の発展を導いた」と説明している[7]。

　ここではアメリカにおける社会状況とソーシャルワークについて述べているが，日本でも同じことがいえる。今日の［地域を基盤としたソーシャルワーク］への求めも，日本におけるこれまでの社会福祉やソーシャルワークの変遷を踏まえたものであるし，現在の社会状況の影響を受けたものである。

（2）ソーシャルワークの統合化

　社会状況とソーシャルワークについて触れたが，ジョンソンとヤンカは1961年から1975年のソーシャルワークの理論発達を振り返ってみると，次の3つの領域に焦点が当てられていると述べている。①伝統的な方法の継続的発達，②実践のジェネリックあるいは統合的なアプローチの発達，③特定のクライエントグループへのサービスのための新しい基礎となる仮説を用いた新しい実践アプローチの発達である。特に②では，統合化の観点からソーシャルワークの概念化を試みるメイヤー（C. H. Meyer）の『ソーシャルワーク実践――都市の危機への対応』（1970年）と，バートレットの『ソーシャルワーク実践の共通基盤』（1970年）を示しながら，ソーシャルワークの専門職の実践の本質について明確化する必要性を指摘している。さらに「この時期新しいサービスが開発され，新しいクライエントのグループがそのサービスを受け入れていた。これらのクライエントは従来の伝統的なケースワーク，グループワーク，コミュニティ・オーガニゼーションの範疇にうまく適合しないことがわかった。それらに代わって，クライエントの複雑な問題と状況に対応するために方法の組み合わせが必要とされたのである。全米ソーシャルワーカー協会と専門職の統一化を目指すその他の試みは，理論の共通性を志向する活動に適した環境をもたらした。また偉大な社会と貧困戦争という連邦の立法措置によって，ソーシャルワーカーが知識を得，能力を高める訓練を受けることができた。また地方のソーシャルワークの再発見によってジェネラリスト・アプローチの必要性が明らかになった」と説明している[8]。社会状況の変化に伴い，ソーシャルワーカーに求められることも変わり，それに応えてきた結果であろう（図11-2）。

　なおジェネラリスト・アプローチは，独自の問題把握の視点と介入方法を提起した新しいアプローチではなく，ジェネラリストソーシャルワーカー養成の理論的枠組みとして発展したといわれている。副田あけみは，1970年代のアメリカにおいて，「福祉プログラムの拡大政策と費用対効果を重視した政策の進展のもとで，行政機関は臨床ソーシャルワークの専門訓練を受けた修士号を持つスペシャリスト・ワーカーを敬遠するようになる。代わって，環境について幅広い基礎的な知識を持ち，人々の，また問題の多様性を適切に理解したうえ

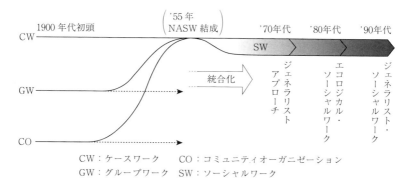

CW：ケースワーク　　　CO：コミュニティオーガニゼーション
GW：グループワーク　　SW：ソーシャルワーク

図11-2　ソーシャルワークの統合化とジェネラリスト・ソーシャルワークの成立
出所：岩間伸之（2005）「〈講座〉ジェネラリスト・ソーシャルワーク No. 1」『ソーシャルワーク研究』31（1），54頁。

で，すべてのクライエントの問題に初期対応できたり，福祉や保健の諸サービスや地域資源をクライエントに結びつけたり，必要な専門サービスの仲介等ができるユーティリティ・ワーカー（多目的な実用的ワーカー）としてのジェネラリスト・ワーカーに学部卒者を雇用する傾向が強くなった。こうした状況を背景に，ソーシャルワーク教育委員会は1974年，ジェネラリスト・アプローチを学部段階のソーシャルワーク実践アプローチとして」承認したと説明している[9]。

　また得津愼子[10]は，ソーシャルワークの沿革と実践モデルの変遷や，ソーシャルワークモデルと実践理論を整理したうえで，図11-3のようにまとめている。ソーシャルワークの共通基盤であるジェネリック基盤の上に，基礎となるさまざまな視点が重なり，さらによりスペシャルなテーマとスキルの上に，ジェネラリストソーシャルワーカーが位置づけられている。

（3）ジェネラリスト・ソーシャルワークの知識基盤

　ここであらためて，ジェネラリスト・ソーシャルワークに取り入れられた理論について触れておきたい。ジェネラリスト・ソーシャルワークには，システム理論と生態学理論，ストレングス・パースペクティブが取り入れられている。ストレングス・パースペクティブについては先に述べているため，ここではシ

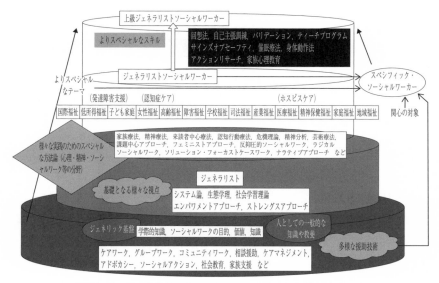

図 11 - 3　ジェネラリストソーシャルワーカーの全体のイメージ

出所：得津愼子（2012）『ソーシャルワーク——ジェネラリストソーシャルワークの相談援助』ふくろう
　　　出版を一部改変。

ステム理論と生態学理論について取り上げる。

　なお，ジョンソンとヤンカは，「いかなる状況においても人間のニーズを明らかにし，理解するためには，人間の発達，人間の多様性，社会システム論，エコシステム，ストレングス・パースペクティブという５つの知識基盤が役に立つ」と述べている。

　①　システム理論

　システム理論は，ベルタランフィ（L. von Bertalanffy）による「一般システム理論」（1968年）にその理論的根源があるとされている。ベルタランフィは，「システムは，原子だろうが，細胞だろうが，ゲシュタルトパターンだろうが，シンボルの統合された総体であろうが，全体的特性を持ち分離した部分には見いだせないということを認識」し，「むしろ，それらの特性は全体を形成する諸部分が担う関係から生じる」とした。

　一般システム理論からはじまったシステム理論であるが，社会システム理論

は，個人，家族，小集団，機関，コミュニティ，社会といった，表面的には異なった存在のつながりと関係を概念化する手段として，ソーシャルワーカーの役に立つとされた。ジョンソンとヤンカによると，人間の交互作用への介入としてのソーシャルワークにおいて，「システムの一部分の関係は，全体に影響を与える。状況の中の人は，システムであり，部分であり，全体である。部分はそれ自体がシステムである」と述べている。[13]

　②　生態学理論

　生態学は，1866年にドイツの動物学者ヘッケル（E. H. Haeckel）によって命名され，1920年頃までに科学と認められるようになった。ヘッケルは，「生態学は自然の経済——動物とそれに関わる非生物的・生物的環境の総体，直接，間接に関わらず，これらの動物と植物の協調あるいは敵対的関係——についての知識体系を指している。生態学はダーウィンが生存競争の必要条件に挙げたこれらの複雑な相互関係を扱うのである」と述べ，生物とその生活環境および生物相互の関係に対する研究の中で生態学を位置づけた。[14]

　ゴードン（W. E. Gordon）は，一般システム論と人間の潜在的可能性へ焦点化しながらソーシャルワークの独自な領域は，「人間」と「環境」の接触面にあるとし，その範囲は社会機能と呼ばれる部分であると指摘した。ジャーメインはこれに影響を受け，人間主義と科学の相反する領域の溝を埋めていこうと，ソーシャルワークの中に生態学の視点と概念的手法を取り入れた。また先に述べた生活モデルを「問題を病理状態の反映としてではなく，他者，事物，場所，組織，思考，情報，および価値を含む生態系（エコシステム）の要素間の相互作用の結果」として定義し，実践に人間の成長力と適応への潜在的可能性に関わっていくこと，支援媒体としての環境を動かすこと，環境の要素を変えていくという3つの観点が不可欠であり，それらに貢献できるのが生態学的視点であると強調した。その後，生態学の視点を家族との実践に応用した家族中心ソーシャルワーク，人間—環境の交互作用の望ましいあり方としてのクライエントの力量を育成していくことに焦点を当てたコンピテンス・アプローチ，個人と集団に対するソーシャルワーク実践の統合的方法に対する視点の応用である生活モデル・アプローチが登場することになった。

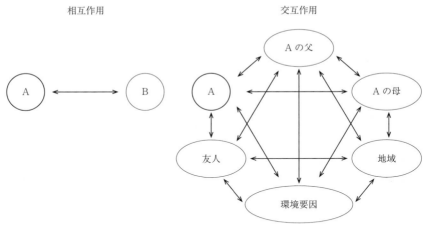

相互作用　　　　　　　　　　　　　　　　交互作用

図11-4　相互作用と交互作用

出所：ジョンソン，L. C.・ヤンカ，S. J.／山辺朗子・岩間伸之訳（2004）『ジェネラリスト・ソーシャルワーク』ミネルヴァ書房，112頁をもとに一部改変。

　なお相互作用と交互作用（図11-4）については，ジョンソンとヤンカが，交互作用は人－状況の現象における関係の特質を意味しており，それは単なる相互作用ではなく，その状況下で他の相互作用によって影響を受けた相互作用であり，それゆえ，相互作用は他の相互作用によって影響を受けるとした[15]。たとえば，冒頭であげた学生をAとした場合，Aに関わる要因としてBという直接的な因果関係だけでなく，Aを取り巻くさまざまな人や環境要因と相互連関的に作用していると考え，状況を把握する必要がある。そして学生Aに介入する場合，介入によってどのような変化がなされるか，どのような変化が与えられたシステム内やシステム間において起こり得るかを検討する必要がある。

3　日本における［地域を基盤としたソーシャルワーク］

　本章の最後に，ジェネラリスト・ソーシャルワークを基礎理論とした［地域を基盤としたソーシャルワーク］に触れつつ，今日の日本のソーシャルワークについて考えてみたい。

（1）地域を基盤としたソーシャルワーク注目の背景

　岩間伸之は，今日のソーシャルワーク実践における大きな転換点を，分野別，対象者別のソーシャルワーク実践から脱却し，多様な担い手の参画を得ながら一定の地域を基盤とした実践へと転換していること，それは「課題別対応による実践」から「地域割りによる実践」への移行，「点（個）」への援助から「点を含めた面（地域）」への援助への転換であると説明している。そして，「そもそも地域を基盤としないソーシャルワークは存在しないはずである。すべての人は地域で生活を営んでいる。このことは，［地域を基盤としたソーシャルワーク］とは，決して新しいソーシャルワーク理論ということではなく，理論上では従来から明確にされ，また重視されながらも実践上では充分に遂行されてこなかったソーシャルワークの本質的な実践に再度光を当てたものと表現できる。「個と地域の一体的支援」とは，個人と環境の交互作用に働きかけるというソーシャルワークの基本的アプローチにほかならない」と述べている。

　さらに得津は，社会福祉士養成カリキュラムにみる相談援助のソーシャルワークへの期待として，①生活課題の多様化，②課題や問題の深刻化・複雑化，③社会福祉基礎構造改革による「措置からサービス」への転換，④「地域」時代への地域福祉の推進の4つをあげ，ソーシャルワークにおける4つのパラダイムシフトやケアマネジメントの展開と地域福祉の発展について示したうえで，地域基盤のジェネラリスト・ソーシャルワークへの要請を説明している。

（2）地域を基盤としたソーシャルワークとは

　地域を基盤としたソーシャルワークは，「個を地域で支える援助」と「個を支える地域をつくる援助」を一体的に推進すること，いわゆる個別支援と地域支援を地続きのものとしてとらえる点に特徴がある。図11-5で地域を基盤とした2つのアプローチを示すが，ソーシャルワーカー・専門機関等・地域住民が本人（個）を矢印Aのように支え，それぞれが矢印Bのように別の住民やエリア（地域）のなかでの支援をつくっていくということを表している。

　岩間は，地域を基盤としたソーシャルワークを，「ジェネラリスト・ソーシャルワークを基礎理論とし，地域で展開する総合相談を実践概念とする。個

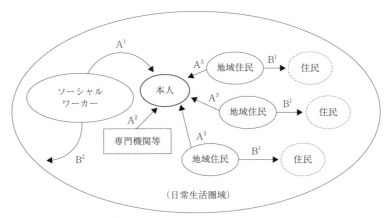

図11-5　地域を基盤としたソーシャルワークにおける2つのアプローチ

出所：岩間伸之・原田正樹（2012）『地域福祉援助をつかむ』有斐閣，42頁。

を地域で支える援助と個を支える地域をつくる援助を一体的に推進することを基調とした実践理論の体系である」と定義した。さらに，ジェネラリスト・ソーシャルワークの5つの特質である，①点と面の融合，②システム思考とエコシステム，③本人主体，④ストレングス・パースペクティブ，⑤マルチシステムを踏まえたうえで，［地域を基盤としたソーシャルワーク］の機能を，①広範なニーズへの対応，②本人の解決力の向上，③連携と協働，④個と地域の一体的支援，⑤予防的支援，⑥支援困難事例への対応，⑦権利擁護活動，⑧ソーシャルアクションに整理した[19]。

　大橋謙策は，地域を基盤としたソーシャルワークの展開は，「言葉を変えていえば**コミュニティ・ソーシャルワーク**の機能を考えることである」と述べている[20]。コミュニティ・ソーシャルワークの考え方は，イギリスにおいて展開されたものであるが，1990年代以降に日本においても注目され展開が期待されていることをここに付け加えておきたい。

（3）現代社会に求められるソーシャルワーク

　ここまで主にアメリカのソーシャルワークの展開を中心に述べてきたが，もちろんソーシャルワークはアメリカだけで展開されているわけではない。

　大橋は，日本のソーシャルワークについて「戦後日本の社会福祉学研究と実践は，ソーシャルワークという考え方を中核として理論化が図られてきたとは必ずしも言えない。それは，戦前からの伝統ともいえるもので，社会福祉問題，生活問題を社会政策の流れにおいて研究する視点が強く，結果として社会福祉の制度政策の在り方に研究がひきつけられ，社会福祉実践に必ずしもコミットしないできた反映でもある」と指摘している。そして岡村重夫の1956年の論考である「社会関係の客体的側面だけに着目する一般的な政策だけでは不十分であって，社会関係の主体的側面を問題とする個別化援助の方策がなければならない」との指摘を用いて，社会福祉制度・政策研究と社会福祉方法・実践技術研究との乖離を克服する視点であり，日本におけるソーシャルワーク研究の視座がおかれなければならなかったのではないかと問いかけている。

　現代社会において，社会問題とされるものは従来の制度・政策で支えられるものばかりではない。そして個を支える個別支援から，地域生活支援，地域支援へと一体的に展開する［地域を基盤としたソーシャルワーク］について紹介した。ジェネラリスト・ソーシャルワークの展開が日本においてどのように実践されるのか。現代社会に求められているソーシャルワークの機能に，現在のソーシャルワーク実践はどのように応えられるだろうか。ソーシャルワーカーとなるわれわれに問われ，そして人と社会に向き合いながら実践し続けていくことになる。

注

(1)　バートレット，H. M.／小松源助訳（1989）『社会福祉実践の共通基盤』ミネルヴァ書房，25頁。

(2)　北島英治（2002）「北米・ヨーロッパのソーシャルワークの歴史」北島英治・副田あけみ・高橋重宏・渡部律子編『ソーシャルワーク実践の基礎理論』有斐閣，317頁。

(3)　ギッターマン，A.（1999）「ライフモデル理論」ターナー，F. J. 編／米本秀仁監訳『ソーシャルワーク・トリートメント――相互連結理論アプローチ　下』中央法規出版，42頁および67頁。

(4)　ジャーメイン，C. ほか／小島蓉子編訳・著（1992）『エコロジカル・ソーシャル

ワーク——カレル・ジャーメイン名論文集』学苑社，203頁。

(5) ジョンソン，L. C.・ヤンカ，S. J.／山辺朗子・岩間伸之訳（2004）『ジェネラリスト・ソーシャルワーク』ミネルヴァ書房，18頁。

(6) 久保紘章・副田あけみ編著（2005）『ソーシャルワークの実践モデル——心理社会的アプローチからナラティブまで』川島書店，Ⅲ〜Ⅳ頁。

(7) (5)と同じ，37頁。

(8) (5)と同じ，39〜40頁。

(9) (6)と同じ，138〜139頁。

(10) 得津愼子（2012）『ソーシャルワーク——ジェネラリストソーシャルワークの相談援助』ふくろう出版，75頁。

(11) (5)と同じ，11頁。

(12) (3)と同じ，392頁。

(13) (5)と同じ，111頁。

(14) (6)と同じ，120頁。

(15) (5)と同じ，112頁。

(16) 岩間伸之・野村恭代・山田英孝・切通堅太郎（2019）『地域を基盤としたソーシャルワーク——住民主体の総合相談の展開』中央法規出版，14頁。

(17) (10)と同じ，75〜79頁。

(18) (16)と同じ，15頁。

(19) (16)と同じ，18頁および34頁。

(20) 大橋謙策編集代表／ソーシャルケアサービス従事者研究協議会編（2007）『日本のソーシャルワーク研究・教育・実践の60年』相川書房，68頁。

(21) (20)と同じ，42頁。

参考文献

岩間伸之・原田正樹（2019）『地域福祉援助をつかむ』有斐閣。

川村隆彦（2011）『ソーシャルワーカーの力量を高める理論・アプローチ』中央法規出版。

ジョンソン，L. C.・ヤンカ，S. J.／山辺朗子・岩間伸之訳（2004）『ジェネラリスト・ソーシャルワーク』ミネルヴァ書房。

学習課題

① アメリカの社会状況の変化とソーシャルワークの展開をまとめてみよう。

② なぜいま日本で［地域を基盤としたソーシャルワーク］が求められているのか考えてみよう。

キーワード一覧表

☐ **医学モデル**　医学モデル（medical model）は病理モデルとも表される通り，何らかの困り事を抱える個人や環境の病理的原因を探る。医学モデルはイギリスではじまり，アメリカで広がったソーシャル・ケースワークそのものの発展とリンクしている。医学モデルをベースに展開されるソーシャル・ケースワークは，ソーシャルワークのメインストリームとなり，専門的アイデンティティの形成にもつながった。　　　　　144

☐ **生活モデル**　1960年代に医学モデルに代わる新しいメタファーの必要性が高まり，生活モデル（life model）が生まれた。ジャーメインとギッターマンは生活モデルを「病気や逸脱やそれに類する言葉に見られる過程をモデルとしたものであるというよりは，むしろ生活過程そのものに根差した実践原理を提供するものである」と述べている。生活モデルは，現在に至るまでソーシャルワークの主たる課題認識の範型として位置づいている。　　　145

☐ **状況の中の人**　ハミルトン（G.Hamilton）が診断主義アプローチのなかで診断という用語を「問題それ自体というより問題を持つ人を理解するための作業仮説」と記述したことで発展した概念である。これによりクライエントにとって資源が有効であるという考えと，問題は個人と社会双方にあるという認識をもたらした。　　　　　145

☐ **ストレングス**　英語のストレングス（strengths）は，強み・長所などと訳され，ソーシャルワークでは，その人やその人が生きる環境の強みに着目することを指す。　　　　　146

☐ **コミュニティ・ソーシャルワーク**　1982年にイギリスのバークレイ報告で打ち出された考え方である。大橋謙策は，1990年代以降の日本の福祉改革を踏まえ，新しい社会福祉サービスシステムとしての地域福祉論を展開し，コミュニティ・ソーシャルワーク理論を導入した。　　　154

第Ⅲ部

ソーシャルワークが拠り所とする考え方

第 12 章

専門職における倫理

　社会福祉領域のみならず，保健・医療・法律・教育等の専門職には，高度な知識や技術を身につけることはもちろん，それぞれの専門職（職能団体）自らが，適切な行為，規則となる倫理を規定し，それを遵守することが強く求められている。専門職としての専門的な知識や技術だけでは十分な支援には結びつかず，その根底には倫理が求められる。

　本章では，専門職の特性や倫理について学び，支援の際に生じる専門職のジレンマについても理解していく。

ミニワーク
- AI（人工知能）が発展し，自動運転技術や介護ロボット等が活用されています。AI の技術に対して私たちが倫理的に課題と感じることをあげてみましょう。

- あなたが生活のなかでジレンマを感じたときにどのような基準で判断をしているのか考えてみましょう。

1　専門職の特性と倫理

（1）専門職の特性

　専門職（profession）の養成にあたっては，その職務に従事するための知識や技術の獲得に向けて，専門職による教育が行われてきた。たとえば，社会福祉士養成課程の相談援助実習を行う場合の実習指導者は，社会福祉士の資格を有しかつ規則に定められた講習会の課程を修了したものが要件となっている。専門職は，その分野において知識や技術を有しており，それをもって，望ましい行動（支援）をとることもできれば，望ましくないものとして悪意ある行動につなげることもできるだろう。このようななかで，専門職に求められることは，専門的な知識や技術を有して職業にあたるだけでは十分ではなく，その根底として倫理を有することが重要である。シンクレア（C. Sinclair）らの専門職の特性についてサブーリン（M. Sabourin）は次のように紹介をしている（表12-1[1]）。①特定のサービスを提供するために構成される。②専門的な教育や訓練，経験を必要とする。③倫理規定を作成し，それを遵守するとともに社会に普及する。④職業への加入を統制し，新規参入者に対しては集団の価値観になじませ，専門職的活動を規制し，その知識と技術の向上を図る。⑤構成員の活動は所属する専門職同士や社会に対して説明可能である必要がある。ここで重要なのは，専門職としての地位や役割を示すためにも倫理規定の制定が基本的な要件となることである。

（2）専門職の倫理

　倫理を探究する倫理学は哲学のなかの1つの研究分野であり，古代ローマのソクラテス，プラトンの時代から研究されてきたテーマである。近年，「倫理的」という言葉は，環境保全や社会貢献という意味での使用もされており，国連が示す持続可能な開発目標（SDGs）にもつながるものとなっている。

　専門職倫理（professional ethics）とは，多種多様な職業のなかでも専門職と呼ばれる職業に従事する者が自ら定め，遵守すべき行動規範を意味する。それ

表 12 - 1　専門的職業の特性

- 成員は，それぞれが，あるいは集団として，一般社会の人々にサービスを提供する。
- 成員は，長期に及び困難な教育，実施訓練，そして教育の継続を必要とする一般的かつ体系的な高い水準の知識や水準を有している。
- 成員は，倫理規定を作成・普及し，この規定に従って活動する。
- 成員は，(a) 入会要件を規制し，(b) 新規参入者を訓練し，(c) 彼らを共同体の態度・価値観・実際の慣習になじませ，(d) 成員の職業上の活動を規制，監査し，(e) 知識と技術を発展させる。
- 成員は，自らの共同体内部および外の社会の双方に対して，その活動を細かく説明でき，また調査の対象となることをためらわない。

出所：サブーリン，M. (1999)「心理学における倫理規準の発展——アメリカ心理学会倫理規定の一省察」『心理学研究』70 (1)，51〜52頁。

は，専門職に携わる者が社会的責任を感じ，かつ高い倫理観に基づき対象者に対するアプローチをすることが望まれているということである。専門職における倫理について応用倫理学事典では，「専門職は専門知識や技能と厳格な倫理に基づいて誠実に職務を遂行することで初めて社会から信任を得ることができる[2]」と示されており，高度な知識や技術をもつのみでは適切な関わりは困難であることがあらためて理解されよう。

　それでは，専門職が，専門職倫理をもつ必要性について考えていこう。専門職が自ら，また社会からも「専門職」として認められるためには，職能団体に所属し，その団体が定める倫理を熟知し，実践において遵守することが必要である。シンクレアらはこの倫理規定の主要な目的として，表12-2の4つをあげている[3]。これらからわかることは，倫理規定とは専門的な集団が社会から認められる，または理解を促すための機能と，専門職集団が責任をもってサービスを提供するとともに，そのサービスの内容を改善する個々の専門職の支え，指針となる機能があるということである。

　このように倫理とは，専門職自身のためである一方，社会に対する説明責任や地位の担保といった意味合いがある。専門職として社会的地位が一定程度確立されてこそ質，量ともに安定したサービスが提供できるものだと考えると，専門家，サービスを受ける双方にとって，倫理規定は必須ものであると説明されよう[4]。

表 12 - 2　倫理規定の主要な目的

• 集団が専門職としての地位を築くことに寄与する。
• 個々の専門職業人の助力となり手引として働く。
• 専門職としての地位を保つための責任を果たす。
• 個々の専門職業人が倫理的ジレンマを解決する助けとなる道徳基準を与える。

出所：表 12 - 1 と同じ。

　この専門職倫理には機能的に低次のレベルの「命令倫理」と高次のレベルの「理想追求倫理」という 2 つの要素が含まれる[5]。「命令倫理」は最低限の基準に従って行動することとして，「しなければならないこと」や「してはならないこと」を指す。例として「秘密を守る」「クライエントを傷つけることをしない」などがあげられる。これは具体的な行動の基準になるものであり，違反をすれば何らかの制裁が科せられる可能性があるというものである。一方，後者の「理想追求倫理」は，専門職として目指す最高の行動基準への志向である。例として，「基本的人権の尊重」や「専門職としての資質向上」であり，熟練してもなお専門職として自らを高めようとする姿勢が求められる。つまり，専門職として倫理を遵守するということは，決められていることに沿って行動すればよいのではなく，人々の幸福と福祉に貢献するために，専門職として最高の基準を目指す姿勢が求められる。

　さらに，現在，多くの専門職において，学会や職能団体ごとにさまざまな倫理基準が設けられている。ここでは，社会福祉分野と関連のある臨床心理専門職の職業倫理についてみていこう。ポープ（K. S. Pope）ら，レドリック（F. Redlich）らは臨床心理学の実践活動における職業倫理の諸原則として 7 つに分類しており，これを山本竜也らが整理しているので示しておく（表 12 - 3）[6]。ソーシャルワーカーの養成も重ねて学ぶことができるだろう。

　ここまで，専門職に求められる倫理について学んできたが，留意点を述べておく。それは，専門職としての知識や技術は，その対応する分野に精通していない者からみると「閉じた社会」であり，理解しづらいという場合もあることである。その結果，専門職と一般社会との間に乖離が生じることになる。これについては，これまで述べた専門職倫理にも示されているように，専門職の知

表 12-3　臨床心理実践における職業倫理の諸原則

第1原則	相手を傷つけない，傷つけるようなおそれのあることをしない。
第2原則	十分な教育・訓練によって身につけた専門的な行動の範囲で，相手の健康と福祉に寄与する。
第3原則	相手を利己的に利用しない。
第4原則	一人一人を人間として尊重する。
第5原則	秘密を守る。
第6原則	インフォームド・コンセントを得，相手の自己決定権を尊重する。
第7原則	全ての人々を公平に扱い，社会的正義と公正と平等の精神を具現する。

出所：山本竜也・首藤祐介（2017）「臨床心理学における職業倫理に関する日米比較」『中京大学心理学
　　　研究科・心理学部紀要』16（2），35〜40頁。

識や技術を高めるということは，自らを律することはもちろんであるが，社会
に還元されることを前提とし，その責務と自覚が問われていることを理解しな
ければならない。

2　専門職における道徳と倫理

（1）関連領域における専門職倫理

　専門職に求められる倫理は，固有のものも存在するが，対人援助職として関
連領域を学ぶことに意義がある。ここでは，医療倫理について触れていく。

　医療従事者が倫理的な課題に直面した際，どのように考えるべきなのかの指
針となる原則として「医療倫理の4原則」が示されている。これは，1979年に
ビーチャム（T. L. Beauchamp）とチルドレス（J. F. Childress）が提唱したもので[7]，
①自律尊重原則（respect for autonomy），②無危害原則（non-maleficence），③善
行原則（beneficence），④正義原則（justice）の4つの原則である。①自律尊重
原則は，本人の主体的な意向を尊重し，自己決定を尊重するものである。ソー
シャルワーカーとして参考にしたい点は，本人の自己決定ができるように必要
な情報の提示，説明が求められることである。また，必要に応じて公的制度の
利用，ボランタリーな機関の紹介等を通じて本人のニーズを充足していくこと
も考えられる。②無危害原則は，危害を引き起こすことを避けるというもので

ある。本人にとって，ときとしてリスクを伴う場面があり，その際は，リスクを管理するとともに，それを上回る有益さがあるか等の判断が求められる。そして，前提として，本人が希望していることを十分に確認する意思確認が必要である。たとえば，できる限り先端的な治療を受けたいと望むのか，穏やかに最期を迎えるための緩和ケアを望むのか等はそれぞれである。これについても，ソーシャルワーカーは，本人のニーズや生活背景に基づいて選択肢は変わるものであるということを理解し，支援していかなければならない。③善行原則は，他者の利益のために物事を行うという道徳的な責務のことである。支援に携わる者としては，よりよい判断と考えられ，それが標準的なものであったとしても，必ずしも本人にとって望むものにつながるとは限らないということを理解しておく必要がある。この原則においては，前記した無危害原則とあわせて理解していくことで学びが深まるだろう。④正義原則は，公平，公正に対応することであり，差別の排除や正当にサービスを配分することである。また，複数の要求やニーズ等相反する事項が発生した際に平等に取り扱うことが求められる。このことについては，後述する倫理的ジレンマで取り扱うこととする。

　この医療倫理の4原則が生まれた背景には，専門職同士や専門職と非専門職の間で意見の不一致が散見されたことがある。そこで，見解が一致しないことを前提とした倫理的な意思決定の方法が求められ，多種多様な者の間で共有することができ，かつ倫理的な課題に対応し得る方法論が必要とされていた。これらをもとに考えると，専門職または非専門職とともに支援を展開するソーシャルワーカーとしても，これらの原則は参考にすることができるだろう。

（2）ソーシャルワーク専門職における倫理

　人は成長するなかで多様な選択や経験をし，物事を広い視野から多面的にとらえ，良し悪しを判断するための道徳観を養っている。しかしながら，道徳観を豊かにするだけでは専門職に求められる力量を得られることにはつながらない。特に，人々の暮らしに対するニーズが拡大するなかでは，権利意識の高まり，価値観の多様化等により，多くの倫理的判断が求められる場に直面することになる。ソーシャルワークにおける倫理とは「ソーシャルワークの価値を運

用すること」であり，「職務を遂行する上で時に相対立する権利と直面した時，正しい判断を下し，倫理的行動をとれるよう助けるためのもの[8]」である。詳細は他章に譲るが，ソーシャルワークの価値を具体化していく際の行為の基準を明文化したものが倫理綱領である。ソーシャルワーカーが倫理綱領を遵守するということは，理性的判断の立場から，その行為をチェックすることにもつながる。これはソーシャルワーカーが取り組む日々の支援を内省するための軸としても機能するものである。内省とは，振り返りや省察のことであり，支援の考えや言動，実践について深く省みることである。

3 専門職に求められる自己覚知とジレンマ

（1）自己覚知とは

　専門職自身も，これまでの成育歴，家族やこれまで関わってきた人，周囲の環境に影響を受けながら自己を形成していく。そのため，その「自分」が利用者のことをどのようにとらえるのかということも人によってさまざまとなる。そのため，ソーシャルワーカーは自らの性格や考え方の傾向，行動をする動機，価値観をよく理解することが必要である。このような考え方を**自己覚知**という。また，標準社会福祉用語事典[9]によると自己覚知とは「他者に対する自身の考え方や対応の根拠がどこにあるのか，どうしてそのような対応をする自分があるのかを可能な限り客観的に自覚し，感情や態度をコントロールすること」であり，支援者側からは「利用者に共感し，受容するために自らを知り，感情・行動を制御すること」とある。専門職の人材養成や力量形成においては，自己覚知の定着が求められている。ここでは，あるソーシャルワーカーの例をみながら理解を深めてみよう。

〈事例１〉
　高齢者のデイサービスに従事している安谷ソーシャルワーカーは，プライベートで温泉に入ることが好きで，温泉に浸かると心と身体がリラックスした状態になるため定期的に出かけていた。そのような考えや行動様式をもつ安谷ソーシャルワーカーが，ある日の午後のサービス提供時間にゆっくり過ごされている高齢者に対し

て「何かやることを提供しなければならない」と考え，その利用者の意向を把握せ
ずに，予定をしていなかった入浴を提供した。

　安谷ソーシャルワーカーとしては，空き時間に暇な時間を過ごすことより何
かをやった方がよいだろうと思って，心身のリフレッシュにつながる活動とし
て，一方的に入浴を提示した状況にある。安谷ソーシャルワーカーが利用者に
対して，充実した時間を過ごすことができるように何か支援を検討するという
ことは大切なことであるが，安谷ソーシャルワーカー自身の価値観の押しつけ
になっていないかどうか，つまり自己覚知ができた状態での支援であったかど
うかを考える必要があろう。このような状態を振り返ることができるように，
安谷ソーシャルワーカーは自己覚知をし，自らが有する価値観を大切にしなが
らもソーシャルワーカーとして，利用者主体の支援を実践することが求められ
る。

（２）ジレンマとは

　ジレンマとは，ある事柄や出来事のなかで板挟みになり，どのように判断や
決定をしたらよいのか迷う状態になることである。リーマー（F. G. Reamer）
はソーシャルワーカーが専門職の業務と価値の衝突に出会い，どちらかを優先
して決めなければならないような場合に「**倫理上のジレンマ**（ethical
dilemma）⁽¹⁰⁾」が生じる場合があると述べている。

　ここでも例を用いて考えてみよう。

〈事例２〉
　岩本ソーシャルワーカーは，障害者を支援する入所施設（障害者支援施設）で勤
務している。その施設にショートステイの一時利用をしていた20歳の利用者が岩本
ソーシャルワーカーへ話しかけてきた。「僕，お家に帰りたい。賑やかな施設もい
いけど，お家で静かに過ごしたい。お家でお父さんが帰ってくるのを待ちたい。そ
れまで一人でも平気だから」という訴えの内容である。その利用者は父子家庭で，
父親が季節的に忙しさのある職業に就いており，普段は２人で暮らしているが，仕
事のシーズンによっては変則的な勤務のため家にしばらく帰ることができず，世話
をすることが困難な状況にある。そのためショートステイの福祉サービスを使って

いる。岩本ソーシャルワーカーとしては，利用者が家に帰りたいという要望は受け止めてはいるが，父親へ確認してみたものの仕事を早めに終わらせることができず，父親としてはショートステイの継続を望んでいる。

　この例においては，ソーシャルワーカーが利用者の気持ちに思いをめぐらせて理解しようとする行為は大事であるが，当然のこととして一人で家庭に帰すことは適切ではない。たとえ利用者自身が自己決定に基づく判断をしていたとしても，生命・生活の保護の観点から要望を受け入れることは難しい。ここでは，父親に迎えにきてほしいという気持ちを受け止めつつ，施設でのショートステイでの暮らしの実情がどうなっているのか，日々充実した生活を営むことができているのか，何か施設で困ったことやストレスが蓄積されるようなことはないか等本人や周囲の状況を再度丁寧にアセスメントしていくことが必要であろう。また，状況が許されるならば現状を父親に話し，落ち着けるような支援をともに考えていきたいところである。

（3）ジレンマの倫理分析

　このように，倫理的ジレンマを完全に解きほぐすことのできる絶対的な正解はないが，このような状況に対してローズ（M. L. Rhodes）[11]は「倫理分析」をすることを提唱している。これは，支援の対象となる者と共通の目標を構築することを目指し，次のような利用者理解をすることや自らの見方を内省し，生活課題に対する新しい見立てや支援の取り組みを模索するというものである。①相手は何を望んでいるのか，欲しているのかという現状を自らがどのようにとらえているのか問い，相手の見方や価値観を受け止め理解する。②現状に対するソーシャルワーカーとしての自らの見立てはどのようなものかを問い，相手の見方や価値観の理解を促進する。③相手と自らの見立ての違いを把握し，ソーシャルワーカーとしてどう扱うべきか考える。④幅広い視点で現状をとらえ，必要性に基づき選択肢を考える。⑤相手が置かれている状況についてさらに情報収集をするなどして，他に新たな選択肢を生み出すことはできないか考える。⑥それぞれの選択肢が正当化されるならばその理由について考える。⑦最終的に選択した選択肢はソーシャルワーカーとしての自分の目標と齟齬が生

じていないか確認する。

（4）ジレンマを超えて

　ソーシャルワーク実践においては，多くのジレンマを経験することが想定され，それぞれの出来事のなかで，ソーシャルワークの価値観や支援の取り組みを内省し，知識や技術を高めながら適切な支援を目指していく姿勢が求められる。支援の過程や結果が妥当なものであったかどうか問われるときに，その時々で，価値に基づいて優先すべき知識や技術を選択し，支援の過程を論理的に説明できることがソーシャルワーカーには求められる。そして，場合によっては，それぞれ所属する組織や機関が有する倫理規定に基づいているか等もあわせてチェックしていくことが重要である。また，ジレンマを感じた際には，その状況を適切にアセスメントし，ソーシャルワーカー本人をはじめ，支援の対象者と理解をし合い，利用者が望む方向性を導き出していくことが大事である。ソーシャルワーカーは継続して学び続ける存在であり，常に正しい結果につながる判断を行うことは難しいが，倫理に基づいた支援の取り組みを意識しておくことが必要である。

注
(1)　サブーリン，M.（1999）「心理学における倫理規準の発展——アメリカ心理学会倫理規定の一省察」『心理学研究』70（1），51〜52頁。
(2)　加藤尚武編（2008）『応用倫理学事典』丸善出版，352頁。
(3)　(1)と同じ。
(4)　慶野遥香（2007）「心理専門職の職業倫理の現状と展望」『東京大学大学院教育学研究科紀要』47，221〜229頁。
(5)　コーリー，G ほか／村本詔司監訳（2004）『援助専門家のための倫理問題ワークブック』創元社。
(6)　山本竜也・首藤祐介（2017）「臨床心理学における職業倫理に関する日米比較」『中京大学心理学研究科・心理学部紀要』16（2），35〜40頁。
(7)　ビーチャム，T. L.・チルドレス，J. F.／立木教夫・足立智孝監訳（2009）『生命医学倫理　第 5 版』麗澤大学出版会。

⑻　レヴィ，C. S.／小松源助訳（1994）『ソーシャルワーク倫理の指針』勁草書房。

⑼　中村磐男ほか監修（2010）『標準社会福祉用語事典　第2版』秀和システム，183頁。

⑽　リーマー，F. G.／秋山智久監訳（2001）『ソーシャルワークの価値と倫理』中央法規出版。

⑾　Rhodes, M. L. (1986) *Ethical Dilemmas in Social Work Practice,* Routledge & Kegan Paul.

学習課題

①　あなたが専門職として自己覚知をすることの意義について考えてみよう。

②　あなたが専門職としてなぜ倫理を学ぶ必要があるのかまとめてみよう。

キーワード一覧表

☐　**専門職倫理**　多種多様な職業のなかでも専門職と呼ばれる職業に従事する者が自ら定め，遵守すべき行動規範。　　161

☐　**インフォームド・コンセント**　サービス提供者による説明に基づいて，その内容を利用者が理解し，自己決定による同意を意味するもの。　　164

☐　**自己覚知**　自らの性格や考え方の傾向，行動をする動機，価値観をよく理解すること。　　166

☐　**倫理上のジレンマ**　ソーシャルワーカーが専門職の業務と価値の衝突に出会い，どちらかを優先して決めなければならないような状況。　　167

第13章

ソーシャルワークにおける倫理

　ソーシャルワーカーが専門職と呼べるための基準の1つには，専門職倫理が確立しているか否かということがあげられる。ソーシャルワーカーがクライエントのウェルビーイングの増進に寄与していくには，専門知識や専門技術だけでは不十分であり，専門職としての高い倫理観が必要となる。なぜなら，その知識や技術を誰に，またどのような目的で活用するのかといった判断基準は専門職倫理に支えられているからである。ソーシャルワーカーとして専門職倫理をもっていなければ，ときとしてクライエントに提供する支援が独善的になったり，クライエントを重大な危機の局面にさらす可能性も生じる。

　本章では，ソーシャルワーク専門職に求められる倫理内容とその必要性について説明していく。

ミニワーク

　ソーシャルワーカーが倫理性に反した事件内容について，本やインターネット等で調べ，そこにはどのような倫理の欠如（問題）があったのか，考えてみよう。

• ソーシャルワーカーが倫理性に反した事件の内容について。

（　　　　　　　　　　　　　　　　　　　　　　　　　　　　　　　）

• 事件内容からうかがえる倫理の欠如（問題）について。

（　　　　　　　　　　　　　　　　　　　　　　　　　　　　　　　）

1　倫理とは何か

　倫理とは「道徳の規範となる原理や道徳[(1)]」を指す。

　ソーシャルワーク実践を担う者には，専門職としての倫理が求められる。ソーシャルワーク実践とは究極的には人間のウェルビーイングの実現を目指す活動である。ソーシャルワーク専門職という立場から人間のウェルビーイングの増進にアプローチするには，単に人としての道徳観を身につけているだけでは不十分であり，何よりソーシャルワークの根源的価値である社会正義，人権，集団的責任，多様性の尊重等を実現する[(2)]ためのソーシャルワーカーとして遵守すべき道理が存在しなければならない。ソーシャルワーク専門職であれば誰もが共通して身につけておくべき倫理，それが「ソーシャルワークにおける倫理」なのである。

　ソーシャルワーカーとクライエントの関係を「援助する側」対「援助される側」という関係でとらえると，おのずと専門性を有するソーシャルワーカーがクライエントよりも優位な立場になる傾向が見られる。何らかの問題を抱えることによってパワーレスの状態に置かれるクライエントは，自身が抱える問題を解決するためにソーシャルワーク専門職に対し信頼を寄せていきながら，自らのプライバシーを開示していく。ソーシャルワーカーが専門職というスタンスをとっていなければ，クライエントが有する情報を収集することは難しい。本来，赤の他人であれば知り得ることのないクライエントの情報を専門職であるソーシャルワーカーが手にしたとき，それを何の目的で，またどのように活用するのかという判断が求められることになる。この判断如何によっては，クライエントを重大な危機にさらす可能性も出てくることになる。こうした点を1つ取り上げてみても，ソーシャルワーク実践活動に伴う判断の拠り所となる倫理が必要不可欠になることがわかる。

　しかしながら，ソーシャルワークにおける倫理が確立されるだけでは何の意味もなさない。たとえば，ここまでに社会福祉士が成年後見制度を悪用し，クライエントの現金を着服する等の事件が確認されている。こうした事件を踏ま

えると，ソーシャルワーク実践において何より重要になるのは，その援助活動
を担う者が倫理の内容と重要性を十分に認識し，それに基づく援助活動を展開
させていくことにある。

　ソーシャルワーカーが遵守する倫理にはさまざまな基準が設けられているが，
ここからはその内容について触れていく。

2　ソーシャルワーカーの倫理綱領

　ソーシャルワーカーが専門職として守るべき基準や価値，目指すべき専門職
像を示したものが「**倫理綱領**」である。わが国におけるソーシャルワーカーの
倫理綱領は，1986（昭和61）年に日本ソーシャルワーカー協会によって「**ソー
シャルワーカーの倫理綱領**」が宣言され，1995（平成7）年には日本社会福祉
士会も同会の倫理綱領として採択をしている。その後，日本ソーシャルワー
カー連盟に加入するソーシャルワーカー専門職4団体である日本社会福祉士会，
日本ソーシャルワーカー協会，日本医療社会福祉協会，日本精神保健福祉士協
会が2005（平成17）年に「ソーシャルワーカーの倫理綱領」を策定した。そし
て2018（平成30）年に，それまでのソーシャルワーカーの倫理綱領の改定作業
を行う「日本ソーシャルワーカー連盟倫理綱領委員会」が発足し，2020（令和
2）年には改定された「ソーシャルワーカーの倫理綱領」（成文）が報告される
とともに，各会によって承認されている。この倫理綱領改定に係る背景および
経緯について多少触れておくと，2014年7月のIFSW（国際ソーシャルワーカー
連盟）「ソーシャルワーク専門職のグローバル定義」を基本に，各団体の会員
や関係者からパブリックコメントによる意見等を取り入れて検討された後，現
在の倫理綱領に至っている。

3　ソーシャルワーカーの倫理綱領の内容

　2020（令和2）年に改定されたソーシャルワーカーの倫理綱領は，前文，原
理，倫理基準で構成されている。

（1）前　文

> 　われわれソーシャルワーカーは，すべての人が人間としての尊厳を有し，価値あ
> る存在であり，平等であることを深く認識する。われわれは平和を擁護し，社会正
> 義，人権，集団的責任，多様性尊重および全人的存在の原理に則り，人々がつなが
> りを実感できる社会への変革と社会的包摂の実現をめざす専門職であり，多様な
> 人々や組織と協働することを言明する。

　前文では，IFSW と IASSW（国際ソーシャルワーク教育学校連盟）が採択した
「ソーシャルワーク専門職のグローバル定義」をソーシャルワーク実践の基盤
になるものと認識し，またそれを拠り所に実践を展開することに触れられてい
る。この「ソーシャルワーク専門職のグローバル定義」については，2001年の
IFSW および IASSW によって採択された「ソーシャルワークの定義」を改訂
し，ソーシャルワークの新定義として2014年に IFSW および IASSW のメル
ボルン総会において採択されたものである。それまでの2005年版倫理綱領の前
文では「人権と社会正義の原理に則り，サービス利用者本位の質の高い福祉
サービスの開発と提供に努めることによって，社会福祉の推進とサービス利用
者の自己実現をめざす専門職であることを言明する」とされていた。それが，
2020年版倫理綱領の前文では，ソーシャルワーカーは集団的責任や多様性尊重
および全人的存在の原理に則り，人々がつながりを実感できる社会への変革と
社会的包摂の実現を目指す専門職であるということが示されている。2020年版
は，ソーシャルワーカーが単にミクロ的視点で見る個人レベルの自己実現を目
指す専門職にとどまらず，マクロ的視野をもって社会変革を進めることによっ
て不正義の構造に働きかける専門職であると解釈しており，この部分に１つの
特徴がうかがえる。

（2）原　理

　原理とはそもそも「認識または行為の根本にあるきまり[5]」という意味をもつ。
倫理綱領に示されている原理とは，まさにソーシャルワーク実践活動を展開す
る際の決まりともいえるものである。この原理では，Ⅰ「人間の尊厳」，Ⅱ
「人権」，Ⅲ「社会正義」，Ⅳ「集団的責任」，Ⅴ「多様性の尊重」，Ⅵ「全人的

存在」の6項目が掲げられている。2020年版では「人間の尊厳」と「社会正義」を除いて4項目（Ⅰ「人権」，Ⅳ「集団的責任」，Ⅴ「多様性の尊重」，Ⅵ「全人的存在」）が新たに加わり，見直されている。なお，この4項目が追加された背景にはやはり「ソーシャルワーク専門職のグローバル定義」に伴う見直しがある。その他，原理において着目しておきたいポイントとしては，ソーシャルワークの定義においてソーシャルワークとは「人びとがその環境と相互に影響し合う接点に介入する」とされていた記述が，今回の「ソーシャルワーク専門職のグローバル定義」の本文からは消滅したものの，原理に掲げるⅣ「集団的責任」の項目でソーシャルワーカーが集団の有する力と責任を認識し，人と環境の双方に働きかけて，互恵的な社会の実現に貢献する，と示されている点である。

Ⅰ（人間の尊厳）　ソーシャルワーカーは，すべての人々を，出自，人種，民族，国籍，性別，性自認，性的指向，年齢，身体的精神的状況，宗教的文化的背景，社会的地位，経済状況などの違いにかかわらず，かけがえのない存在として尊重する。

Ⅱ（人権）　ソーシャルワーカーは，すべての人々を生まれながらにして侵すことのできない権利を有する存在であることを認識し，いかなる理由によってもその権利の抑圧・侵害・略奪を容認しない。

Ⅲ（社会正義）　ソーシャルワーカーは，差別，貧困，抑圧，排除，無関心，暴力，環境破壊などの無い，自由，平等，共生に基づく社会正義の実現をめざす。

Ⅳ（集団的責任）　ソーシャルワーカーは，集団の有する力と責任を認識し，人と環境の双方に働きかけて，互恵的な社会の実現に貢献する。

Ⅴ（多様性の尊重）　ソーシャルワーカーは，個人，家族，集団，地域社会に存在する多様性を認識し，それらを尊重する社会の実現をめざす。

Ⅵ（全人的存在）　ソーシャルワーカーは，すべての人々を生物的，心理的，社会的，文化的，スピリチュアルな側面からなる全人的な存在として認識する。

（3）倫理基準

　倫理基準とは，ソーシャルワーク実践における判断基準のことであり，ソーシャルワーカーが支援活動を行うにあたっての判断の拠り所になるものである。具体的に倫理基準はⅠ「クライエントに対する倫理責任」，Ⅱ「組織・職場に

対する倫理責任」，Ⅲ「社会に対する倫理責任」，Ⅳ「専門職としての倫理責任」の大きく4つから構成されている。

　Ⅰ「クライエントに対する倫理責任」は，12項目があげられている。ソーシャルワーク専門職が請け負うクライエントに対する倫理責任とは，単にクライエントが抱える問題の解決を見る結果だけに焦点が当てられるべきではなく，支援過程を含むそのあり方に対しても責任を負っていると考えることができる。具体的にクライエントに対する倫理責任の12項目のなかには，「クライエントとの関係」をはじめ「クライエントの利益の最優先」「受容」「説明責任」「クライエントの自己決定の尊重」などの項目が掲げられており，こうした項目を見ても，クライエントへの支援のあり方にソーシャルワーカーが責任を負っているということが読み取れる。なお，12項目のうち「参加の促進」と「情報処理技術の適切な使用」は2020（令和2）年より新たに加えられた項目である。

　Ⅱ「組織・職場に対する倫理責任」では，「最良の実践を行う責務」「同僚などへの敬意」「倫理綱領の理解の促進」「倫理的実践の推進」「組織内アドボカシーの促進」「組織改革」の6項目があげられている。ソーシャルワーカーは自らが所属する機関が示す方針とクライエントの利益の狭間で倫理的ジレンマを経験することも少なくない。組織・職場に対する倫理責任が規定されている根拠の1つは，所属機関に対しソーシャルワーカーは具体的にどのような倫理的責任を請け負うのか，それを明確にしておくためである。なお，6項目のうち「組織内アドボカシーの促進」と「組織改革」という項目は2020（令和2）年より新たに加えられた項目である。

　Ⅲ「社会に対する倫理責任」では「ソーシャル・インクルージョン」「社会への働きかけ」「グローバル社会への働きかけ」の3項目があげられている。ソーシャルワーカーは，あらゆる差別，貧困，抑圧，排除，無関心，暴力，環境破壊などに立ち向かい，包括的な社会を目指す，すなわちソーシャルワーカーはソーシャル・インクルージョンの推進に対し責務を負っているといえる。また，人権と社会正義に関する課題解決やその増進のためにグルーバル社会を含む社会に働きかける責務を明らかにしている。

　Ⅳ「専門職としての倫理責任」は「専門性の向上」や「専門職の啓発」を含

む8項目があげられている。ソーシャルワーク専門職として最良の実践につなげるための専門性の向上や社会的信用の保持などソーシャルワーカーが専門職であるがゆえに専門職としての倫理的責任を負うことが明示されている。

4　ソーシャルワーク倫理の重要性

では，ここからは事例をもとにソーシャルワーク実践活動においてなぜ倫理が必要とされるのか，さらに詳しく考えてみたい。

〈事例〉
　現在，サダコ（75歳）は一人暮らしである。約20年前に交通事故で息子夫婦を亡くし，5年前には夫が病気で他界している。事故で亡くなった息子夫婦には一人息子（シンイチ）がいたが，サダコははやくに両親を失った孫のシンイチが不憫でならず，息子夫婦の代わりに人一倍愛情を注ぎながら懸命に育てた。そして，現在シンイチは高校卒業後，サダコが住む同じ市内の企業に就職し，自立している。最近のサダコの様子は身の回りのことは自分の力で行えるものの，体力の低下が見られ，また物忘れが増えている。周囲の勧めもあり，医療機関を受診した結果，認知機能に若干の低下が認められる（判断能力が一定程度欠ける）として，介護保険の申請手続きを済ませている。
　ある日，定期的にサダコ宅を訪問している民生委員が，偶然にもサダコが孫のシンイチに1万円を渡す光景を目撃した。それ以降，民生委員は訪問する際，たびたびサダコがシンイチに小遣いと称して1万円を渡す姿を確認している。あらためて，民生委員からサダコに，どれくらいの頻度で孫にお金を渡しているのかと尋ねると，サダコから「週1回孫が私を訪ねてくるので，そのときに1万円を渡している」という返答だった。
　民生委員はこうしたやりとりが気になり，市社会福祉協議会の所属するソーシャルワーカーに一連の状況を報告し，今後の対応を考えてほしいと申し出た。

仮にあなたが，事例に登場するソーシャルワーカーであるならば，このケースに対し，どのように介入していくだろうか。

この事例において民生委員がソーシャルワーカーに報告しようと考えた理由には，サダコが孫のシンイチにたびたびお金を渡すことによって，サダコの生活が不安定な状態に陥るのではないかといった考えが働いたためと予想される。

　たしかに，サダコがシンイチに小遣いを渡すことによる家計のやりくりへの問題はないのかといった懸念は想定される。そのため，家計のやりくりや今後の生活不安の可能性についての確認は必要となるだろう。しかしながら，この一点で即座にサダコに介入し，孫のシンイチに小遣いを渡すことを制限する関わりが適切かといえば，それは違う。このような考え方の根拠となり得るのが，まさにここまで説明してきたソーシャルワークにおける倫理である。前述の通り，ソーシャルワーカーの倫理綱領には倫理基準が設定されており，ソーシャルワーク専門職はクライエントに対する倫理責任を請け負っているということだった。そして，このクライエントに対する倫理責任には「クライエントの利益の最優先」や「クライエントの自己決定の尊重」といった項目が掲げられているが，これらの項目を支援の判断基準にしてソーシャルワーカーがとるべき対応を検討すると，まずもってソーシャルワーカーはサダコにとっての利益が何にあたるのかについて詳しく吟味する必要がある。仮にサダコが孫に小遣いを渡すことによって，この先，生活不安に陥る可能性が生じ，その不安の解消に努めることをサダコにとっての利益ととらえるのであれば，ソーシャルワーカーはそれを尊重した支援を行っていく必要がある。しかしながら，ここまで両親を亡くしたシンイチをわが子のように育てたサダコにとって，シンイチに小遣いを渡すという行為が何より自分にとっての生きがいや楽しみにつながり，サダコにとってかけがえのない自身の利益と考えるのであれば，ソーシャルワーカーがサダコの利益を無視して，一方的に小遣いを渡す行為を制限するということは適切とはいえない。ソーシャルワーカーの支援において重要となるのは，まずもってサダコが自分にとっての利益が何かについて考える機会が保障され，その利益の確保に向かってサダコ自身がどのような生き方を望むのか自己決定できるような支援につなげるということである。

　なお，具体的にソーシャルワーカーの倫理綱領に掲げられている「クライエントの自己決定の尊重」に係る規定内容を確認すると，ソーシャルワーカーは，クライエントの自己決定を尊重し，クライエントがその権利を十分に理解し，活用できるようにするとなっている。しかしながら，それだけにはとどまらず，この項目ではこの内容に続けて，ソーシャルワーカーは，クライエントの自己

決定が本人の生命や健康を大きく損ねる場合や，他者の権利を脅かすような場合は，人と環境の相互作用の視点からクライエントとそこに関係する人々相互のウェルビーイングの調和を図ることに努める，と規定されている。すなわち，ソーシャルワーカーはクライエントの自己決定が結果的にクライエント自身の利益を損なうと判断される場合には，可能な限り本人の自己決定を尊重しながらも，最終的に本人のウェルビーイング実現が阻まれることがないような折衷案を探る必要が出てくるということになる。たとえば事例においてシンイチに小遣いを渡すことによる生活不安も生じる一方で，それがサダコにとっての何よりの生きがいにつながる行為ということであれば，生活不安に陥らないまでの金額の小遣いにとどめてシンイチに渡すという提案が浮上するということになる。まさに，ソーシャルワークの倫理を支援の拠り所にするからこそ，こうした考え方が出てくるのである。

5　社会福祉士の倫理綱領と精神保健福祉士の倫理綱領

　日本社会福祉士会は，前出の日本ソーシャルワーカー連盟による「ソーシャルワーカーの倫理綱領」を社会福祉士の倫理綱領として採択している。一方で，精神保健福祉士の倫理綱領については，日本精神保健福祉士協会が採択する「ソーシャルワーカーの倫理綱領」と独自の「精神保健福祉士の倫理綱領」が存在する。後者の「精神保健福祉士の倫理綱領」については日本精神保健福祉士協会の第6回定時総会（2018年6月）においてそれまで使用されてきた「公益社団法人日本精神保健福祉士協会倫理綱領」から「精神保健福祉士の倫理綱領」への名称変更が決議された。名称変更の理由は協会に入会する精神保健福祉士を対象（に限定）とした「倫理綱領」であるのか，それともすべての精神保健福祉士を対象とした「倫理綱領」なのか，それを明確に位置づけるためである。

注

(1) 広辞苑によると倫理とは「人倫のみち。実際道徳の規範となる原理。道徳」とされている。新村出編（2018）『広辞苑　第7版』岩波書店，3106頁。

(2) 高良麻子（2021）「ソーシャルワークの倫理」日本ソーシャルワーク教育学校連盟編『ソーシャルワークの基盤と専門職【共通・社会専門】』中央法規出版，172頁。

(3) 本多勇（2021）「ソーシャルワークの原則」小口将典・木村淳也編著『ソーシャルワーク論——理論と方法の基礎』ミネルヴァ書房，37頁。

(4) 岡崎幸友（2021）「ソーシャルワーカーの倫理」植戸貴子編『新版　ソーシャルワークの基盤と専門職【基礎編・専門編】』みらい，81頁。

(5) 新村出編（2018）『広辞苑　第7版』岩波書店，957頁。

学習課題

① ソーシャルワークの倫理綱領の内容に目を通し，ソーシャルワーカーに倫理が求められる理由について考えよう。

② ソーシャルワーク実践活動を担う者がソーシャルワークの倫理内容を十分に認識し，それを援助活動に生かすための方策についてグループで話し合おう。

キーワード一覧表

□ **倫理**　道徳の規範となる原理や道徳。	172
□ **倫理綱領**　専門職として守るべき基準や価値，目指すべき専門職像を示したもの。	173
□ **ソーシャルワーカーの倫理綱領**　2020（令和2）年に改定されたソーシャルワーカーの倫理綱領は前文，原理，倫理基準で構成されている。	173
□ **前文**　ソーシャルワーカーの倫理綱領において前に書かれる綱領の制定趣旨や遵守の誓約について示される文。	174
□ **原理**　認識または行為の根本にある決まり。	174
□ **倫理基準**　ソーシャルワーカーの倫理綱領に示される倫理基準は「Ⅰ　クライエントに対する倫理責任」「Ⅱ　組織・職場に対する倫理責任」「Ⅲ　社会に対する倫理責任」「Ⅳ　専門職としての倫理責任」から構成される。	175

第14章

専門職としての使命と倫理的ジレンマ

　本書におけるこれまでの学びを通して，ソーシャルワークが大切にしていることや，それが実践にどう力をもたらしているか等について考えてもらえただろう。しかし，ソーシャルワーカーとしてクライエントと向き合うときに，「なぜこうなるのだろう」「どうしてうまくいかないのか」などと思い悩むことは珍しくない。実践を行うなかで必ず出会うものの1つがジレンマである。

　本章ではその一端に触れてもらい，ジレンマが生じる場面は困難を伴うが，ソーシャルワーカーの成長過程には必要であることを知ってもらいたい。

ミニワーク

　あなたは地域包括支援センターのソーシャルワーカーです。夫の介護について悩みをもつ女性を支援するために相談に乗っています。

　今回で3回目の相談です。その女性はあなたと話をして課題解決の糸口を見つけることができたようで，表情は明るく前向きになっています。あなたは今回で支援を終結しようと考えていた矢先，その女性からこう言われました。

　「こんなに親切にしていただいて，今度食事でもご一緒いただけませんか？」

（1）あなたはその女性にソーシャルワーカーとしてどう返事しますか。
　　　あなたの言葉で回答しましょう。

（　　　　　　　　　　　　　　　　　　　　　　　　　　　　　　　　　　　　）

（2）その返事をすることでその女性はどのように感じるでしょうか。

（　　　　　　　　　　　　　　　　　　　　　　　　　　　　　　　　　　　　）

1　ソーシャルワーカーの使命とジレンマ

（1）ソーシャルワーカーの使命

　2018（平成30）年3月に社会保障審議会福祉部会福祉人材確保専門委員会において「ソーシャルワーク専門職である社会福祉士に求められる役割等について」が報告書としてまとめられた。そのなかを見てみると，すべての人が役割をもち支え合うことができ，それを実現するコミュニティづくりを地域の事業者等と協働して実現していこうとする「**地域共生社会**」の実現が掲げられている。すなわち，そういった「地域共生社会」の創造を担うべき立場としてソーシャルワーク専門職である社会福祉士への期待が示されているといえる。

　さて，そういった社会の要請にソーシャルワーカーはどう応えていくのであろうか。ソーシャルワーカーは，前述の報告書にもあるように「専門職」である。また「ソーシャルワーク専門職のグローバル定義」においてソーシャルワークは「実践に基づいた専門職であり学問」としている。秋山智久は社会福祉実践を「7つのP」という要素で表しているが，それらの要素すべてが集約する地点に profession であるソーシャルワーク専門職を据えている（図14-1）。いわずもがな，ソーシャルワークは人々に生じるさまざまな困難に対して，人々がどう向き合い，そして乗り越えていくのかをともに考えることで解決を模索するというそのプロセスを通して，課題解決の糸口を見出す支援をする。そういった積み重ねが1つの実践となる。ソーシャルワーカーが専門職であるということは，グローバル定義が示すソーシャルワークという学問をもとにした実践が行われてはじめて成立するのだと考えることができるだろう。

　そうだとするならば，ソーシャルワークが専門職であることを担保するのは，紛れもなく実践であるといえる。本書を手にしている人は，ソーシャルワークを学んでいる学生であったり，実践を行ったりしている立場の人もいるだろうが，本書を通して学んでいることが実践につながっていくことが何より大切である。そのことが，ソーシャルワーカーとしての使命を果たそうとする原動力を強める。

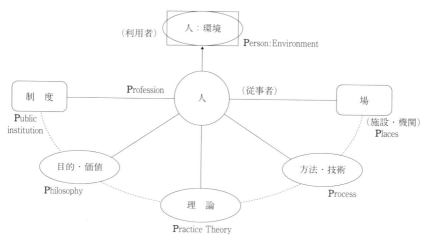

図14-1　社会福祉実践の構図

出所：秋山智久（2000）『社会福祉実践論——方法原理・専門職・価値観』ミネルヴァ書房，20頁の図を
　　　一部改変。

　使命とは，「与えられた重大な務め。責任をもって果たさなければならない
任務」と解されている。詳細は他の章に譲るが，ここではソーシャルワーカー
の使命をグローバル定義に記されている「社会変革・社会開発・社会的結束の
促進，および人々のエンパワメントと解放」としておく。すなわち，一人の人
の可能性を信じ，その可能性を社会のなかで十分に発揮することができるよう
条件を整えていくことを通して，一人の人の幸せを，そしてみなの幸せをも促
進させるのだ，ということである。先に触れた「地域共生社会」の創造は，
ソーシャルワーカーの使命にもリンクしていくことがわかるだろう。

（2）ソーシャルワーク実践とジレンマ

　ソーシャルワークを学んでいるみなさんのなかには，実際に臨床の場で実践
を行っている人や，これからソーシャルワーカーとして働きたいと考えている
人もいるだろう。そうした実践あるいは学びのなかで，ソーシャルワークを実
践するということは，必ず人（対象者・クライエント）への働きかけが生じる。
そして，その人への働きかけを行ううえで，すべての人に同じ方法を採用すれ

ばよいかというとそういうわけにはいかない。なぜなら，一人ひとりの個を尊重するということの前提には，個は多様性に富み，その個ならびにその個が所属する社会にはさまざまな違いがあるわけであり，「違う」ということそのものは当たり前に存在するからである。その違うということを認識し，尊重することは，ソーシャルワークの実践においてとても大切なことである。なぜかというと，ソーシャルワークを実践する前提に，専門職としての価値規範（原理）が存在するとともに，それを具体化したソーシャルワーカーの倫理綱領があり，倫理綱領に対してソーシャルワーカーとしての誠実な態度が求められるからである（詳細は本書第Ⅱ部ならびに第12章，第13章を参照）。

　そうした違いを当たり前として認識しつつ，一人ひとりの個を受容し，困難や課題に対峙していく過程においては，さまざまな障壁が存在している。ここで1つの事例を通して考えてみよう。

〈雨宮さんの事例〉
　転倒して腰を骨折した雨宮さん（80歳・男性）。本来は手術をするところだが，持病である心臓のことを考えると手術に耐えられないかもしれないと医師から言われ，手術をしない判断をした。その結果，以前のように歩くことはできず，車いすを中心とした生活になった。
　ソーシャルワーカーの梅村さんは雨宮さんを担当することになった。病室で雨宮さんは「家に帰りたい」と言われるが，雨宮さんの子どもは「父を一人にはできないし，私もお世話できない。施設入所を進めてほしい」という。
　医師や看護師，理学療法士は「家で一人暮らしは難しいだろう。早期に転院か施設を」と言う。梅村さんは同僚に相談すると「雨宮さんの思いを大切にしてあげないといけないよね。あなたはどう考えているの？」と言われた。
　梅村さんは，雨宮さんの思いを尊重して自宅退院を叶えてあげたいとは思っているが，多職種の意見を聞くと確かにそうだと思うことも多かったという。そして自分が雨宮さんの子どもだったらと想像すると，自分も施設入所を選んでしまうかもしれない……と思っていた。

　ソーシャルワーカーとしてクライエントである雨宮さんの思いを大切にしたいとは思っているが，雨宮さんの子どもの思いや多職種の意見を踏まえると，判断に迷ってしまっている。このような状況は珍しいことではない。それこそ「多様性」や「違い」ということを踏まえると，このような思いが生じるのは

当然のことであろう。

　このような，雨宮さんの思いに対して雨宮さんの子どもの意見，多職種の意見，そして梅村さんの専門職としての考えなど，2つ以上の相反する考え方が両立しない状態のことをジレンマという。

　倫理綱領は，価値規範を具体化したものであり，実践における専門職としての判断や行動を導くために，そしてクライエントを保護するために用いられるものである。雨宮さんの思いを尊重したいという梅村さんの思いは，専門職としての職業倫理から醸し出されるものである。また多職種の意見も，それぞれの職業倫理に基づいたものとしてとらえられる。このような雨宮さんの思いを尊重しようとしたときに，職業倫理としての考え方が相反し，何を優先すべきかが明確にならないために解決に至らない状態になる，これを**倫理的ジレンマ**という。

　一方，梅村さんは自分が雨宮さんの子どもだったらどう考えるか，ということも思い巡らせる。一見判断基準の1つに浮上してくるようにも見受けられるが，これは職業倫理から醸し出されたものではなく，梅村さん個人が一人の人として培った人生観や価値観に依拠するものである。これを道徳的ジレンマという。道徳的ジレンマは個人の価値観に依拠するため，ソーシャルワーカーとしての自分との間で相反する考え方が生じる。自ら命を絶ちたいと考えるクライエントの思いを傾聴するときに，ソーシャルワーカーとして「それはだめだ」という思いと，一個人として「それはだめだ」と考えることには理論的にも感情的にも差が生じる可能性がある。または一個人として「否定できない」と思うことすらあるかもしれない。そうなると支援という関係性の構築は難しくなる。

　この倫理的ジレンマと道徳的ジレンマは，実践を行ううえで明確に分けて考えることが困難である。なぜなら倫理綱領を踏まえた実践を支えようとする実践者たるソーシャルワーカーは，職業人としての個人だけではなく一人の人としての個人をも含むからである。しかし，ロウ（B. Lo）は「一般的な道徳観は，日常生活における適切な規範にはなり得るものの，医療の現場での明確な羅針盤とはなり得ないことが多い(2)」ことを指摘し，ジレンマに対して専門職として

の倫理的判断が求められることを強調する。

　そのことからも，ここで扱うジレンマはソーシャルワーカーが専門職として実践を行ううえで向き合うジレンマであることから，倫理的ジレンマとして見ていくこととする。

（3）倫理的ジレンマの構造

　雨宮さんの「家に帰りたい」という思いを，梅村さんはソーシャルワーカーとして尊重したいと考えるが，そうすることでさまざまな倫理的ジレンマが生じる。

　川村隆彦は，ソーシャルワーカーが経験するジレンマの構造として，①自分の価値観とソーシャルワーク倫理のジレンマ，②自分の価値観とクライエントの価値観のジレンマ，③自分の価値観と同僚・ほかの専門職との価値観のジレンマ，④自分の価値観と所属する組織の価値観のジレンマ，⑤ソーシャルワーク倫理同士のジレンマ，⑥社会環境（時間・資源の制限）によって生じるジレンマの6つをあげる。

　①〜④については第1節第2項で述べた道徳的ジレンマと倫理的ジレンマとの間で生じるものである。①は「自分ならこうする」というものが，倫理綱領と照らして相容れない状態である。②は雨宮さんが「家に帰りたい」という背景にあるものを踏まえたうえで生じるものである。雨宮さんが家に帰りたい理由が，住み慣れた場所であるからと単純に考えてしまうのだが，実は入院が継続することで子どもに負担をかけたくないということや，病院という制限下での生活が許容できず自分の自由が欲しいということ，はたまた入所するための施設自体がその地域に存在しない場合も考えられる。いわば「家に帰りたい」が本来の雨宮さんの利益を阻むことになるのではないかというものである。③は多職種間の価値観の衝突に端を発するものである。いくら家に帰りたいという雨宮さんの思いを梅村さんが擁護したとしても，それが各専門職に許容されない理由（命にかかわる，歩行できないのに家に帰すのは無謀など）を示された際に生じるものである。④は，梅村さんが所属する部署であったり部門であったり，大きくは施設や病院という組織との間で生じるものである。雨宮さんの「家に

帰りたい」という思いを尊重しようにも，病院が設定する退院までの期間が迫っており十分な支援が行えないということはこの典型である。⑤は，倫理綱領にある倫理基準と照らした際に生じるものである。「家に帰りたい」雨宮さんの思いを尊重することは倫理基準のⅠ「クライエントに対する倫理責任」の「クライエントの自己決定の尊重」や「クライエントの意思決定への対応」につながるが，「利益の最優先」ということを踏まえると本当にそれでいいのかという疑念が残る。また，倫理基準のⅡ「組織・職場に対する倫理責任」の「最良の実践を行う責務」という側面から，入院期間を伸長させる取り組みが最良の業務遂行といえるかという不安もあろう。そして⑥は，前述の入院期間の制限によるものや，都市部とへき地という地域性に起因するサービス供給量の差異という視点から見た限界を認めざるを得ないことで，行える支援に限りがあるということである。

　川村はこのジレンマの構造を理解するうえで，それぞれの価値観のぶつかり合いや利害関係を理解することの必要性を説き，そのために，①誰が，②どのような価値観・考え方で，③どのような利害が生じているかについて整理することを勧めている。(4)この過程を通してリスクを最小限に抑えることや考えられる選択肢の提案，そして雨宮さんの意向を尊重することを踏まえつつも優先順位を決めることで，雨宮さんにとっての最善について判断していくのである。

　また，リーマー（F. G. Reamer）はソーシャルワーク実践を行ううえでの倫理的ジレンマは，①直接的な実践（個人，家族，グループなどへ直接働きかける実践）によるものと，②間接的な実践（ソーシャルアドミニストレーション，調査，評価，政策など間接的に働きかける実践）によるものの2つがあるという。(5)

　雨宮さんに対する関わりの多くは①と考えることができるが，のちに述べた雨宮さんの「家に帰りたい」という思いの背景にあるもの（家族への遠慮，施設自体が地域にないなど）や入院期間のことなどを思い巡らすと，②も影響していると考えることができる。

2　臨床における倫理的ジレンマ

ここでは，次の事例を通してジレンマについて考えてみたい。

〈波田さんの事例〉

　波田さん（60歳・男性）は，妻と2人暮らし。2人の子どもは成人し独立している。波田さんは半年後に会社を定年退職する予定で，退職後は夢であった庭の剪定士を目指して勉強をしながら，シルバー人材センターで剪定の仕事をしたいと考えていた。

　定年退職までわずかとなったある日，トイレで便をしたときに血が出ていることに気づき，心配して病院を受診したところ，医師にすぐに入院するよう言われた。後日，医師に呼ばれて妻は病院へ行き，医師と看護師，ソーシャルワーカーを交えて病状説明が行われた。波田さんは大腸がんの末期で他の臓器にもがんが転移していて，手術もできないこと，今後苦しまずに最期を迎えられるようにと緩和ケアを軸に支援をしていきたいということが妻に伝えられた。

　病状説明のなかでソーシャルワーカーは，波田さんの思いを大切にしたいと考え，妻に対し波田さんへ今の病状を告知することについて意向を聞いてみた。すると，「主人は退職後庭木の剪定士になると言っているんですよ。主人の夢，つぶすようなこと，わたしには言えません。主人は生きる希望をなくしてしまいます。主人に告知はしないでください」との答えだった。

　その後ソーシャルワーカーは面談室で妻とあらためて話をする。波田さんへの告知についての意向を確認したが，妻の思いは変わらなかった。そのうえで，「わかりました。ご主人と長年ともに歩んでこられた奥さんが言われるのだから，波田さんには告知しないほうがいいのかもしれません。波田さんの夢がかなえられるよう，緩和ケアを行っていきましょう」と言った。

　その後医師にそのことを報告すると「わかった。では波田さんには本当の病名は伝えずにいよう」と言われた。だが，看護師や同僚のソーシャルワーカーからは「本当にそれでいいのか」と言われ，どうするべきか悩んでいる。

（1）ジレンマの構造と論点整理

　この事例におけるジレンマの構造を整理してみよう（表14-1）。さまざまな利害が生じていることがわかるだろう。ここでは，リーマーのいう①直接的な実践と②間接的な実践に分けて考えてみよう。

表14-1　ジレンマの構造を整理する

誰　が	価値観・考え方	利　害
波田さん	？	真実を知ることができない 波田さんの価値観を知ることができていない
波田さんの妻	波田さんに真実を知らせてほしくない	あくまでも波田さんのことを気遣った妻の価値観であり，波田さんの価値観が真に反映されているか疑問
ソーシャルワーカー	波田さんの意思決定への参加を配慮したいが，妻の思いも理解できる	妻の価値観による判断に引き込まれている。倫理綱領「Ⅰクライエントに対する倫理責任」の多くが尊重できない状況である
医師	がん末期であることや後の治療法について波田さんに知らせてもよいと思うが，妻がどう思うか	波田さんに告知をしなければ，これからの治療にあたって偽り続けなければならず，波田さん本人との信頼関係の維持に難渋しそう
看護師	本当にそれでいいのか	波田さんと接する際に偽っていることにより常に後ろめたさを感じてしまう。看護を行う上でもつじつまが合わないことも生じやしないか心配
ソーシャルワーカーの同僚	本当にそれでいいのか	奥さんの考えに引き込まれた判断をしてしまっていることで，倫理綱領に照らして反する部分が多く，このまま容認することはできない

出所：川村隆彦（2002）『価値と倫理を根底に置いたソーシャルワーク演習』中央法規出版，68頁の表を参考に筆者作成。

①　直接的な実践

　大前提となる波田さん本人が参加していないことについて，倫理基準Ⅰ-6.（参加の促進）がなされていないことが問題である。波田さんの妻は波田さんのことを心配して告知をしないでほしいと言っているが，これは波田さんの思いの推定意思ではなく，妻の価値観から生じた波田さんを思う気持ちと考えることもできる。そうだとすると，倫理基準Ⅰ-2.（クライエントの利益の最優先）をはじめ，Ⅰ-5.（クライエントの自己決定の尊重），Ⅰ-7.（クライエントの意思決定への対応）などが順守できないことになる。

　倫理基準Ⅰ-6.（参加の促進）は，2020（令和2）年の倫理綱領改定で新設さ

れた条文であり，「自らの人生に影響を及ぼす決定や行動のすべての局面において，完全な関与と参加を促進する」ことを謳っている。このことは「**人生の最終段階における医療・ケアの決定プロセスに関するガイドライン**」[6]を見ても，「医師等の医療従事者から適切な情報の提供と説明がなされ，（中略）医療・ケアチームと十分な話し合いを行い，本人による意思決定を基本としたうえで，人生の最終段階における医療・ケアを進めることが最も重要な原則である」と謳っており，波田さんのこれからのことを決めるときに波田さんが参加していないことは，倫理的にも，示したガイドラインに照らしても許容されないものである。

　ここで，波田さんの主体的参加がなされないことで真実が知らされないことによる不利益は何かについて考えてみたい。

　事例を読むだけだと波田さんが何を思い，考えていたかはわからない。ただ，妻の言葉からは，定年退職後に剪定士になるための勉強をしたいと思っていたことがわかり，自身の将来について考え，計画をしていたことがうかがえる。

　医学的な診断をもとに疾患の進行状況やそれに伴う治療法の選択肢は決まる。波田さんの場合は手術ができず緩和ケアを行うことが医師から妻に説明された。しかし，もし波田さんがその場にいたらどうだっただろうか。悲観したかもしれないが，ひょっとしたら違う治療法について聞こうとは思わなかっただろうか。または医師に対して残された時間を聞き，残りをどう過ごすかを考えようとはしなかっただろうか。

　すべての出発点は自分の置かれている状況を認識することである。この事例ではそのことがすべて奪われようとしている状況にあり，知らされないことによって波田さんは自身の将来について思い悩み，考え，そして行動する機会を失うことになるのである。そして，このとき知らせない判断をした妻も，この先波田さんに対して偽り続けねばならず，それはいつか破綻する可能性もあるだろう。ゆえに，誰にとっても真に満足のいくものとはなり得ないのかもしれない。

　② 間接的な実践

　この事例において間接的な実践を考えるには情報が少ないのだが，波田さん

への病状説明や病名の告知，またはその意向を確認するうえでの医療ケアチームとしての協働についてなど，組織の体制について指摘することができる。

　倫理基準のⅡには「組織・職場に対する倫理責任」が記されており，Ⅱ－1．（最良の実践を行う責務），Ⅱ－3．（倫理綱領の理解の促進），Ⅱ－4．（倫理的実践の推進）については，ソーシャルワーカーとして所属する組織に対して働きかける，いわゆるアウトプットしていくことが求められている。しかし一方で，多職種協働を前提とするならば，波田さんの病気に対する病状説明や告知についての意思決定のあり方について，または波田さん自身の参加の促進については，チームとしての方向性のもとにそれぞれの職種が役割を認識したうえで動いていくという組織体制が求められる。医師を筆頭としたピラミッド構造のなかで考えるのではなく，医師も看護師も，そしてソーシャルワーカーも並列のチームの一員として存在し，専門職としての議論を交わし，波田さんにとっての最善について検討するのである。

（2）ジレンマの解消に向けて

　ソーシャルワーカーとして実践を行うということは，さまざまな倫理的ジレンマが生じる。だが，そのジレンマの構造を整理することによって見えてくるものは少なくない。特にその作業によって，誰に，どのような価値観のなかで利害が生じているのかを知ることは，倫理綱領を指針として物事を考えていこうとする行動を助け，さまざまなジレンマを軽減する一助となる。

3　ジレンマを乗り越える

　実践の場面でジレンマが生じるとき，そこにはクライエントと真剣に向き合おうとするソーシャルワーカーやその他の職種が存在している。ジレンマを乗り越えようとする行動は，専門職としての成長につながるものといえるだろう。

　ジレンマを乗り越えるうえで一助となる視点やツールの一片に触れておこう。

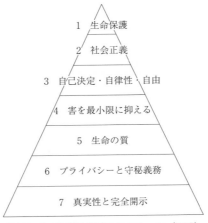

図14-2　倫理的原則のスクリーン（EPS）

出所：Dolgoff, R., Harrington, D. & Loewenberg, F. M.（2012）*Ethical Decisions for Social Work Practice, 9th edition*, Brooks/Cole Thomson p.80 の図を筆者意訳。

（1）助けとなる知識を得る

　ドルゴフ（R. Dolgoff）とローエンバーグ（F. Loewenberg）は，倫理綱領を適用しがたい特殊な問題があったり，倫理基準の間で葛藤が生じたりする場合に用いる行動指針として「**倫理的原則のスクリーン（Ethical Principles Screen：EPS）**」を示している(7)（図14-2）。これはジレンマを解消していくための手段として7つの原則と優先順位を示したもので，ピラミッドの上にいくほど優先順位が高いとされる。

　このほかビーチャム（T. L. Beauchamp）とチルドレス（J. F. Childress）の提唱する「医療倫理の4原則」(8)やジョンセン（A. R. Jonsen）らの「臨床倫理の4分割法」(9)なども考えるうえで有用である。

（2）仲間や他者と分かち合う

　これらのツールはソーシャルワーカーが個人的に用いるものとは限らず，同僚ソーシャルワーカーや多職種とのチーム内で議論しながら検討していくことが望ましい。そういった行動はスーパービジョンを活用することでより有効に

作用する。

　スーパービジョンは，専門職として行う実践をよりよいものへと導くために，スーパーバイザー（サポートをする者）とスーパーバイジー（サポートを受ける者）との間で行われる支援の過程を指す。倫理的ジレンマと対峙するソーシャルワーカーにとって，スーパービジョンは課題を乗り越える助けになるとともに自身の成長をも促してくれる。そしてその過程を通してクライエントへの支援の質を高めることに貢献するのである。

　他方，倫理的課題が複雑であり実践現場におけるスーパービジョンだけでは解決できないことも多い。その際には自組織内外のソーシャルワーカー以外の多職種へ助言を求めることも必要となる。このことをコンサルテーションといい，課題解決を検討するために所属している組織に設置される倫理委員会へ相談することや，第三者の立場で倫理的・法的視点からその解決への助言をする臨床倫理コンサルテーションなどの活用が想定される。

（3）自分自身を育む，そして労る

　加えて，何よりソーシャルワーカーである自分自身の成長が大切である。ジレンマをジレンマととらえる感性は，ソーシャルワーカーとしての学びや経験の積み重ねとともに，一個人としての自分の成長の過程で磨かれる。ソーシャルワーカーとしての自分は，一個人としての自分の上に成り立っていることを踏まえ，プライベートをも含めたさまざまな経験を通して自分自身を育んでほしい。

　そして，ジレンマと向き合うことは真剣にクライエントと対峙している証であることを覚え，意識して自分自身を労ることが大切である。

注
(1)　秋山智久（2000）『社会福祉実践論——方法原理・専門職・価値観』ミネルヴァ書房，19〜20頁。
(2)　ロウ，B.／北野喜良・中澤英之・小宮良輔監訳（2003）『医療の倫理ジレンマ——解決への手引き』西村書店，5頁。

(3)　川村隆彦（2002）『価値と倫理を根底に置いたソーシャルワーク演習』中央法規出版，68頁。

(4)　(3)と同じ。

(5)　リーマー，F. G.／秋山智久監訳（2001）『ソーシャルワークの価値と倫理』中央法規出版，131頁。

(6)　厚生労働省「人生の最終段階における医療・ケアの決定プロセスに関するガイドライン」（https://www. mhlw. go. jp/file/04-Houdouhappyou-10802000-Iseikyoku-Shidouka/0000197701.pdf　2022年2月26日閲覧）。

(7)　Dolgoff, R., Harrington, D. & Loewenberg, F. M. (2012) *Ethical Decisions for Social Work Practice 9th edition*, Brooks/Cole Thomson, p.80.

(8)　ビーチャム，T. L.・チルドレス，J. F.／永安幸正・立木教夫監訳（1997）『生命医学倫理』成文堂に詳しい。

(9)　ジョンセン，A. R.・シーグラー，M.・ウィンスレード，W.／赤林朗・蔵田伸雄・児玉聡監訳（2006）『臨床倫理学──臨床医学における倫理的決定のための実践的なアプローチ』新興医学出版社に詳しい。

参考文献

保正友子・鈴木眞理子・竹沢昌子（2006）『キャリアを紡ぐソーシャルワーカー──20代・30代の生活史と職業像』筒井書房。

本多勇・木下大生・後藤広史・國分正巳・野村聡・内田宏明（2009）『ソーシャルワーカーのジレンマ──6人の社会福祉士の実践から』筒井書房。

学習課題

①　ジレンマとフラストレーションの違いについて考えてみましょう。

②　本章の最初に行ったミニワークの（1）の返事に対する（2）の回答が，ソーシャルワーカーにとってのジレンマが生じるきっかけになります。道徳的ジレンマと倫理的ジレンマについて振り返りつつ，そのうえでもう一度「返事」について考えてみましょう。

キーワード一覧表

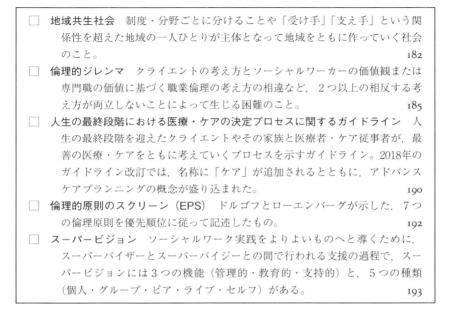

エピローグ

ポストコロナ社会でのソーシャルワーク

（1）エッセンシャルワーカーとしての社会福祉従事者

　21世紀をむかえ，地震や津波，豪雨による水害，火山噴火など自然の暴威を目の当たりにしているなか，新型コロナウイルス感染症（COVID-19）拡大という未曾有の災害に見舞われている。世界的なパンデミックによる社会現象に伴う変化は予想をはるかに超えたスピードで進み，感染予防に対する取り組みでは，人と人との「つながり」にも大きな変化をもたらした。

　ICT 化が進みこれまでとは違うコミュニケーションや仕事のあり方が注目されるようになってきた一方で，「エッセンシャルワーカー」と呼ばれる職種が注目された。「エッセンシャル（essential）」とは日本語で「必要不可欠」といった意味をもつことから，私たちの生命や暮らしを守るために欠かすことのできないことを指す言葉として一般的に用いられている。医療関係者をはじめ，福祉・介護・保育の職員，食料品店の販売員や物流の配達員，公共交通，安全を守る警察・消防・警備の従事者など人的サービスにあたる職種が多い。

　社会がどんな状況であろうとも，人々の命と暮らしを支える職業であることの使命と，誇りによって，世界中のエッセンシャルワーカーたちは，その仕事に従事している。今後，コロナからの生活の回復に向けて，社会福祉に関わるすべての専門職は力を尽くしていくことになる。

　そもそも，ソーシャルワークが対象としてきたものは，これまでの時代のなかから生み出されてきた社会問題や生活課題であり，それぞれへの対応によってその学際領域を広げるとともに，支援に関する理論が展開され発展してきた。そのような激動の社会だからこそ先人たちが積み重ねてきた，社会福祉の理念

や理論に立ち帰ることのなかに支援のヒントを得ることができるのではないか。

（2）ポストコロナに向けてのソーシャルワーク実践

　これまで地域共生社会の実現に向けて，地域での「つながり」を強化する福祉実践が進められてきた。しかし，コロナによって働き方，教育（学校），家族関係，地域社会などが，新しい様式へと変化せざるを得ない状況になったことで，分断されてしまった「つながり」を見つめ直し，支援の方向性をあらためて再考する必要性が生じている。人と人との「つながり」の変化が，新たな孤立や社会問題を副次的に呼びおこしてきたことは過去の災害の経験からも明らかだからである。

　これからのソーシャルワークに求められるのは，新しい社会を見据えた理論と実践の統合した道筋を描くことである。ウィズコロナから，ポストコロナへの時代に向けて，社会はどのように変わるのかについての根本的な問いが，これからの福祉を切り拓くなかで重要な論点である。

（3）ソーシャルワーカーとしての自分を作ること，育てること

　複雑な社会にあって，クライエントが直面している生活の営みを支援することは，とても難しいことかもしれない。しかし，ソーシャルワークをはじめとした福祉実践に携わってきた者は，人はさまざまな苦しみ（状況）のなかであっても，驚くほどに柔軟に，人生を生きていくものであり，生きることの強さがあることを知っている。支援者自身から見ても耐えられないだろうと想像するような大きな渦中にある人々が，それでも勇気を失わず，粘り強く時を待ち，再び希望を取り戻して生きている姿に出会う。支援者はそこから希望と力を与えられ，支援することを通して，支援されるという原則がそこにはある。

　ソーシャルワークの基盤には，社会的責任の明確な自覚と，それを具体的に実現していく倫理的行動が常に存在していなければならない。それらがなければすべての知識も技術も崩壊してしまうからである。本書は，社会福祉士・精神保健福祉士養成課程の「ソーシャルワークの基盤と専門職」のカリキュラムに準拠した構成になっているが，本書を通してソーシャルワークの基盤となる

さまざまな原理，原則，視座をしっかりと学んでいただきたい。それらについての詳細は各章の内容に譲るとして，ここでは最後に諸点だけを確認しておこう。

　ソーシャルワークの実践は，それを必要としているクライエントに対してのものである。したがって，職業倫理はクライエントの人権の尊重，利益の優先，日々の暮らしと人生の総体は深く結びついているという理解に立つことである。生活の全体性と多面性が十分に理解でき，生活への畏敬の念に支えられて，他人の暮らしを観察したり支援することがはじまる。それらの学習が，福祉を学ぶことの第一歩である。ただし，ソーシャルワークの理論をどれほど学んでも，優れたワーカーの実践をどれほどそばで見ていても，それだけではソーシャルワーカーにはなれない。自分から進んで仕事に取り組む姿勢，日々の支援活動に納得しないこと，記録を整理する労力を惜しまないこと，その一つひとつの努力がよいワーカーを作る。その過程は，学生時代の学びからすでにはじまっているのである。

参考文献

窪田暁子（1997）「社会福祉方法・技術論を学ぶ人のために」植田章・岡村正幸・結城俊哉編『社会福祉方法原論』法律文化社。

巻末資料

ソーシャルワーク専門職のグローバル定義

国際ソーシャルワーカー連盟（IFSW）総会および
国際ソーシャルワーク学校連盟（IASSW）
2014年7月承認

　ソーシャルワークは，社会変革と社会開発，社会的結束，および人々のエンパワメントと解放を促進する，実践に基づいた専門職であり学問である。社会正義，人権，集団的責任，および多様性尊重の諸原理は，ソーシャルワークの中核をなす。ソーシャルワークの理論，社会科学，人文学，および地域・民族固有の知（※1）を基盤として，ソーシャルワークは，生活課題に取り組みウェルビーイングを高めるよう，人々やさまざまな構造に働きかける（※2）。

　この定義は，各国および世界の各地域で展開してもよい（※3）。

　※1　「地域・民族固有の知（indigenous knowledge）」とは，世界各地に根ざし，人々が集団レベルで長期間受け継いできた知を指している。中でも，本文注釈の「知」の節を見ればわかるように，いわゆる「先住民」の知が特に重視されている。

　※2　この文の後半部分は，英語と日本語の言語的構造の違いから，簡潔で適切な訳出が非常に困難である。本文注釈の「実践」の節で，ここは人々の参加や主体性を重視する姿勢を表現していると説明がある。これを加味すると，「ソーシャルワークは，人々が主体的に生活課題に取り組みウェルビーイングを高められるよう人々に関わるとともに，ウェルビーイングを高めるための変革に向けて人々とともにさまざまな構造に働きかける」という意味合いで理解すべきであろう。

　※3　今回，各国および世界の各地域（IFSW/IASSWは，世界をアジア太平洋，アフリカ，北アメリカ，南アメリカ，ヨーロッパという5つの地域＝リージョンに分けている）は，このグローバル定義を基に，それに反しない範囲で，それぞれの置かれた社会的・政治的・文化的状況に応じた独自の定義を作ることができることとなった。これによって，ソーシャルワークの定義は，グローバル（世界）・リージョナル（地域）・ナショナル（国）という3つのレベルをもつ重層的なものとなる。

注　釈

　注釈は，定義に用いられる中核概念を説明し，ソーシャルワーク専門職の中核となる任務・原則・知・実践について詳述するものである。

中核となる任務

　ソーシャルワーク専門職の中核となる任務には，社会変革・社会開発・社会的結束の促進，および人々のエンパワメントと解放がある。

　ソーシャルワークは，相互に結び付いた歴史的・社会経済的・文化的・空間的・政治的・個人的要素が人々のウェルビーイングと発展にとってチャンスにも障壁にもなるこ

とを認識している，実践に基づいた専門職であり学問である。構造的障壁は，不平等・
差別・搾取・抑圧の永続につながる。人種・階級・言語・宗教・ジェンダー・障害・文
化・性的指向などに基づく抑圧や，特権の構造的原因の探求を通して批判的意識を養う
こと，そして構造的・個人的障壁の問題に取り組む行動戦略を立てることは，人々のエ
ンパワメントと解放をめざす実践の中核をなす。不利な立場にある人々と連帯しつつ，
この専門職は，貧困を軽減し，脆弱で抑圧された人々を解放し，社会的包摂と社会的結
束を促進すべく努力する。

　社会変革の任務は，個人・家族・小集団・共同体・社会のどのレベルであれ，現状が
変革と開発を必要とするとみなされる時，ソーシャルワークが介入することを前提とし
ている。それは，周縁化・社会的排除・抑圧の原因となる構造的条件に挑戦し変革する
必要によって突き動かされる。社会変革のイニシアチブは，人権および経済的・環境
的・社会的正義の増進において人々の主体性が果たす役割を認識する。また，ソーシャ
ルワーク専門職は，それがいかなる特定の集団の周縁化・排除・抑圧にも利用されない
限りにおいて，社会的安定の維持にも等しく関与する。

　社会開発という概念は，介入のための戦略，最終的にめざす状態，および（通常の残
余的および制度的枠組に加えて）政策的枠組などを意味する。それは，（持続可能な発
展をめざし，ミクロ－マクロの区分を超えて，複数のシステムレベルおよびセクター
間・専門職間の協働を統合するような）全体的，生物－心理－社会的，およびスピリ
チュアルなアセスメントと介入に基づいている。それは社会構造的かつ経済的な開発に
優先権を与えるものであり，経済成長こそが社会開発の前提条件であるという従来の考
え方には賛同しない。

原　則

　ソーシャルワークの大原則は，人間の内在的価値と尊厳の尊重，危害を加えないこと，
多様性の尊重，人権と社会正義の支持である。

　人権と社会正義を擁護し支持することは，ソーシャルワークを動機づけ，正当化する
ものである。ソーシャルワーク専門職は，人権と集団的責任の共存が必要であることを
認識する。集団的責任という考えは，一つには，人々がお互い同士，そして環境に対し
て責任をもつ限りにおいて，はじめて個人の権利が日常レベルで実現されるという現実，
もう一つには，共同体の中で互恵的な関係を確立することの重要性を強調する。した
がって，ソーシャルワークの主な焦点は，あらゆるレベルにおいて人々の権利を主張す
ること，および，人々が互いのウェルビーイングに責任をもち，人と人の間，そして

人々と環境の間の相互依存を認識し尊重するように促すことにある。

　ソーシャルワークは，第一・第二・第三世代の権利を尊重する。第一世代の権利とは，言論や良心の自由，拷問や恣意的拘束からの自由など，市民的・政治的権利を指す。第二世代の権利とは，合理的なレベルの教育・保健医療・住居・少数言語の権利など，社会経済的・文化的権利を指す。第三世代の権利は自然界，生物多様性や世代間平等の権利に焦点を当てる。これらの権利は，互いに補強し依存しあうものであり，個人の権利と集団的権利の両方を含んでいる。

　「危害を加えないこと」と「多様性の尊重」は，状況によっては，対立し，競合する価値観となることがある。たとえば，女性や同性愛者などのマイノリティの権利（生存権さえも）が文化の名において侵害される場合などである。『ソーシャルワークの教育・養成に関する世界基準』は，ソーシャルワーカーの教育は基本的人権アプローチに基づくべきと主張することによって，この複雑な問題に対処しようとしている。そこには以下の注が付されている。

　文化的信念，価値，および伝統が人々の基本的人権を侵害するところでは，そのようなアプローチ（基本的人権アプローチ）が建設的な対決と変化を促すかもしれない。そもそも文化とは社会的に構成されるダイナミックなものであり，解体され変化しうるものである。そのような建設的な対決，解体，および変化は，特定の文化的価値・信念・伝統を深く理解した上で，人権という（特定の文化よりも）広範な問題に関して，その文化的集団のメンバーと批判的で思慮深い対話を行うことを通して促進されうる。

知

　ソーシャルワークは，複数の学問分野をまたぎ，その境界を超えていくものであり，広範な科学的諸理論および研究を利用する。ここでは，「科学」を「知」というそのもっとも基本的な意味で理解したい。ソーシャルワークは，常に発展し続ける自らの理論的基盤および研究はもちろん，コミュニティ開発・全人的教育学・行政学・人類学・生態学・経済学・教育学・運営管理学・看護学・精神医学・心理学・保健学・社会学など，他の人間諸科学の理論をも利用する。ソーシャルワークの研究と理論の独自性は，その応用性と解放志向性にある。多くのソーシャルワーク研究と理論は，サービス利用者との双方向性のある対話的過程を通して共同で作り上げられてきたものであり，それゆえに特定の実践環境に特徴づけられる。

　この定義は，ソーシャルワークは特定の実践環境や西洋の諸理論だけでなく，先住民

を含めた地域・民族固有の知にも拠っていることを認識している。植民地主義の結果，西洋の理論や知識のみが評価され，地域・民族固有の知は，西洋の理論や知識によって過小評価され，軽視され，支配された。この定義は，世界のどの地域・国・区域の先住民たちも，その独自の価値観および知を作り出し，それらを伝達する様式によって，科学に対して計り知れない貢献をしてきたことを認めるとともに，そうすることによって西洋の支配の過程を止め，反転させようとする。ソーシャルワークは，世界中の先住民たちの声に耳を傾け学ぶことによって，西洋の歴史的な科学的植民地主義と覇権を是正しようとする。こうして，ソーシャルワークの知は，先住民の人々と共同で作り出され，ローカルにも国際的にも，より適切に実践されることになるだろう。国連の資料に拠りつつ，IFSWは先住民を以下のように定義している。

- 地理的に明確な先祖伝来の領域に居住している（あるいはその土地への愛着を維持している）。
- 自らの領域において，明確な社会的・経済的・政治的制度を維持する傾向がある。
- 彼らは通常，その国の社会に完全に同化するよりも，文化的・地理的・制度的に独自であり続けることを望む。
- 先住民あるいは部族というアイデンティティをもつ。

  http:ifsw.org/policies/indigenous-peoples

実　践

　ソーシャルワークの正統性と任務は，人々がその環境と相互作用する接点への介入にある。環境は，人々の生活に深い影響を及ぼすものであり，人々がその中にある様々な社会システムおよび自然的・地理的環境を含んでいる。ソーシャルワークの参加重視の方法論は，「生活課題に取り組みウェルビーイングを高めるよう，人々やさまざまな構造に働きかける」という部分に表現されている。ソーシャルワークは，できる限り，「人々のために」ではなく，「人々とともに」働くという考え方をとる。社会開発パラダイムにしたがって，ソーシャルワーカーは，システムの維持あるいは変革に向けて，さまざまなシステムレベルで一連のスキル・テクニック・戦略・原則・活動を活用する。ソーシャルワークの実践は，さまざまな形のセラピーやカウンセリング・グループワーク・コミュニティワーク，政策立案や分析，アドボカシーや政治的介入など，広範囲に及ぶ。この定義が支持する解放促進的視角からして，ソーシャルワークの戦略は，抑圧的な権力や不正義の構造的原因と対決しそれに挑戦するために，人々の希望・自尊心・創造的力を増大させることをめざすものであり，それゆえ，介入のミクロ－マクロ的，個人的－政治的次元を一貫性のある全体に統合することができる。ソーシャルワークが全体性を指向する性質は普遍的である。しかしその一方で，ソーシャルワークの実践が

実際上何を優先するかは，国や時代により，歴史的・文化的・政治的・社会経済的条件により，多様である。

　この定義に表現された価値や原則を守り，高め，実現することは，世界中のソーシャルワーカーの責任である。ソーシャルワーカーたちがその価値やビジョンに積極的に関与することによってのみ，ソーシャルワークの定義は意味をもつのである。

※「IFSW 脚注」
　2014年7月6日の IFSW 総会において，IFSW は，スイスからの動議に基づき，ソーシャルワークのグローバル定義に関して以下の追加動議を可決した。
　IFSW 総会において可決された，ソーシャルワークのグローバル定義に関する追加動議
　「この定義のどの一部分についても，定義の他の部分と矛盾するような解釈を行わないものとする」
　「国・地域レベルでの『展開』は，この定義の諸要素の意味および定義全体の精神と矛盾しないものとする」
　「ソーシャルワークの定義は，専門職集団のアイデンティティを確立するための鍵となる重要な要素であるから，この定義の将来の見直しは，その実行過程と変更の必要性を正確に吟味した上ではじめて開始されるものでなければならない。定義自体を変えることを考える前に，まずは注釈を付け加えることを検討すべきである。」

　2014年7月メルボルンにおける国際ソーシャルワーカー連盟（IFSW）総会及び国際ソーシャルワーク学校連盟（IASSW）総会において定義を採択。日本語定義の作業は社会福祉専門職団体協議会と（一社）日本社会福祉教育学校連盟が協働で行った。2015年2月13日，IFSW としては日本語訳，IASSW は公用語である日本語定義として決定した。
　社会福祉専門職団体協議会は，（NPO）日本ソーシャルワーカー協会，（公社）日本社会福祉士会，（公社）日本医療社会福祉協会，（公社）日本精神保健福祉士協会で構成され，IFSW に日本国代表団体として加盟しています。

ソーシャルワーカーの倫理綱領

社会福祉専門職団体協議会代表者会議
2005年 1 月27日制定
日本ソーシャルワーカー連盟代表者会議
2020年 6 月 2 日改訂

前　文

　われわれソーシャルワーカーは，すべての人が人間としての尊厳を有し，価値ある存在であり，平等であることを深く認識する。われわれは平和を擁護し，社会正義，人権，集団的責任，多様性尊重および全人的存在の原理に則り，人々がつながりを実感できる社会への変革と社会的包摂の実現をめざす専門職であり，多様な人々や組織と協働することを言明する。

　われわれは，社会システムおよび自然的・地理的環境と人々の生活が相互に関連していることに着目する。社会変動が環境破壊および人間疎外をもたらしている状況にあって，この専門職が社会にとって不可欠であることを自覚するとともに，ソーシャルワーカーの職責についての一般社会および市民の理解を深め，その啓発に努める。

　われわれは，われわれの加盟する国際ソーシャルワーカー連盟と国際ソーシャルワーク教育学校連盟が採択した，次の「ソーシャルワーク専門職のグローバル定義」（2014年 7 月）を，ソーシャルワーク実践の基盤となるものとして認識し，その実践の拠り所とする。

> ソーシャルワーク専門職のグローバル定義
> 　ソーシャルワークは，社会変革と社会開発，社会的結束，および人々のエンパワメントと解放を促進する，実践に基づいた専門職であり学問である。社会正義，人権，集団的責任，および多様性尊重の諸原理は，ソーシャルワークの中核をなす。ソーシャルワークの理論，社会科学，人文学，および地域・民族固有の知を基盤として，ソーシャルワークは，生活課題に取り組みウェルビーイングを高めるよう，人々やさまざまな構造に働きかける。
> 　この定義は，各国および世界の各地域で展開してもよい。（IFSW：2014.7）※注 1

　われわれは，ソーシャルワークの知識，技術の専門性と倫理性の維持，向上が専門職の責務であることを認識し，本綱領を制定してこれを遵守することを誓約する。

原　理

I（人間の尊厳）　ソーシャルワーカーは，すべての人々を，出自，人種，民族，国籍，
　性別，性自認，性的指向，年齢，身体的精神的状況，宗教的文化的背景，社会的地位，
　経済状況などの違いにかかわらず，かけがえのない存在として尊重する。

II（人権）　ソーシャルワーカーは，すべての人々を生まれながらにして侵すことので
　きない権利を有する存在であることを認識し，いかなる理由によってもその権利の抑
　圧・侵害・略奪を容認しない。

III（社会正義）　ソーシャルワーカーは，差別，貧困，抑圧，排除，無関心，暴力，環
　境破壊などの無い，自由，平等，共生に基づく社会正義の実現をめざす。

IV（集団的責任）　ソーシャルワーカーは，集団の有する力と責任を認識し，人と環境
　の双方に働きかけて，互恵的な社会の実現に貢献する。

V（多様性の尊重）　ソーシャルワーカーは，個人，家族，集団，地域社会に存在する
　多様性を認識し，それらを尊重する社会の実現をめざす。

VI（全人的存在）　ソーシャルワーカーは，すべての人々を生物的，心理的，社会的，
　文化的，スピリチュアルな側面からなる全人的な存在として認識する。

倫理基準

I　クライエントに対する倫理責任
　1.（クライエントとの関係）　ソーシャルワーカーは，クライエントとの専門的援助
　　関係を最も大切にし，それを自己の利益のために利用しない。
　2.（クライエントの利益の最優先）　ソーシャルワーカーは，業務の遂行に際して，
　　クライエントの利益を最優先に考える。
　3.（受容）　ソーシャルワーカーは，自らの先入観や偏見を排し，クライエントをあ
　　るがままに受容する。
　4.（説明責任）　ソーシャルワーカーは，クライエントに必要な情報を適切な方法・
　　わかりやすい表現を用いて提供する。
　5.（クライエントの自己決定の尊重）　ソーシャルワーカーは，クライエントの自己
　　決定を尊重し，クライエントがその権利を十分に理解し，活用できるようにする。
　　また，ソーシャルワーカーは，クライエントの自己決定が本人の生命や健康を大き

く損ねる場合や，他者の権利を脅かすような場合は，人と環境の相互作用の視点か
らクライエントとそこに関係する人々相互のウェルビーイングの調和を図ることに
努める。

6.（参加の促進）　ソーシャルワーカーは，クライエントが自らの人生に影響を及ぼ
す決定や行動のすべての局面において，完全な関与と参加を促進する。

7.（クライエントの意思決定への対応）　ソーシャルワーカーは，意思決定が困難な
クライエントに対して，常に最善の方法を用いて利益と権利を擁護する。

8.（プライバシーの尊重と秘密の保持）　ソーシャルワーカーは，クライエントのプ
ライバシーを尊重し秘密を保持する。

9.（記録の開示）　ソーシャルワーカーは，クライエントから記録の開示の要求が
あった場合，非開示とすべき正当な事由がない限り，クライエントに記録を開示す
る。

10.（差別や虐待の禁止）　ソーシャルワーカーは，クライエントに対していかなる差
別・虐待もしない。

11.（権利擁護）　ソーシャルワーカーは，クライエントの権利を擁護し，その権利の
行使を促進する。

12.（情報処理技術の適切な使用）　ソーシャルワーカーは，情報処理技術の利用がク
ライエントの権利を侵害する危険性があることを認識し，その適切な使用に努める。

Ⅱ　組織・職場に対する倫理責任

1.（最良の実践を行う責務）　ソーシャルワーカーは，自らが属する組織・職場の基
本的な使命や理念を認識し，最良の業務を遂行する。

2.（同僚などへの敬意）　ソーシャルワーカーは，組織・職場内のどのような立場に
あっても，同僚および他の専門職などに敬意を払う。

3.（倫理綱領の理解の促進）　ソーシャルワーカーは，組織・職場において本倫理綱
領が認識されるよう働きかける。

4.（倫理的実践の推進）　ソーシャルワーカーは，組織・職場の方針，規則，業務命
令がソーシャルワークの倫理的実践を妨げる場合は，適切・妥当な方法・手段に
よって提言し，改善を図る。

5.（組織内アドボカシーの促進）　ソーシャルワーカーは，組織・職場におけるあら
ゆる虐待または差別的・抑圧的な行為の予防および防止の促進を図る。

6.（組織改革）　ソーシャルワーカーは，人々のニーズや社会状況の変化に応じて組
織・職場の機能を評価し必要な改革を図る。

Ⅲ　社会に対する倫理責任

1.（ソーシャル・インクルージョン）　ソーシャルワーカーは，あらゆる差別，貧困，

抑圧，排除，無関心，暴力，環境破壊などに立ち向かい，包摂的な社会をめざす。

2. （社会への働きかけ）　ソーシャルワーカーは，人権と社会正義の増進において変革と開発が必要であるとみなすとき，人々の主体性を活かしながら，社会に働きかける。

3. （グローバル社会への働きかけ）　ソーシャルワーカーは，人権と社会正義に関する課題を解決するため，全世界のソーシャルワーカーと連帯し，グローバル社会に働きかける。

Ⅳ　専門職としての倫理責任

1. （専門性の向上）　ソーシャルワーカーは，最良の実践を行うために，必要な資格を所持し，専門性の向上に努める。

2. （専門職の啓発）　ソーシャルワーカーは，クライエント・他の専門職・市民に専門職としての実践を適切な手段をもって伝え，社会的信用を高めるよう努める。

3. （信用失墜行為の禁止）　ソーシャルワーカーは，自分の権限の乱用や品位を傷つける行いなど，専門職全体の信用失墜となるような行為をしてはならない。

4. （社会的信用の保持）　ソーシャルワーカーは，他のソーシャルワーカーが専門職業の社会的信用を損なうような場合，本人にその事実を知らせ，必要な対応を促す。

5. （専門職の擁護）　ソーシャルワーカーは，不当な批判を受けることがあれば，専門職として連帯し，その立場を擁護する。

6. （教育・訓練・管理における責務）　ソーシャルワーカーは，教育・訓練・管理を行う場合，それらを受ける人の人権を尊重し，専門性の向上に寄与する。

7. （調査・研究）　ソーシャルワーカーは，すべての調査・研究過程で，クライエントを含む研究対象の権利を尊重し，研究対象との関係に十分に注意を払い，倫理性を確保する。

8. （自己管理）　ソーシャルワーカーは，何らかの個人的・社会的な困難に直面し，それが専門的判断や業務遂行に影響する場合，クライエントや他の人々を守るために必要な対応を行い，自己管理に努める。

注1．本綱領には「ソーシャルワーク専門職のグローバル定義」の本文のみを掲載してある。なお，アジア太平洋（2016年）および日本（2017年）における展開が制定されている。

注2．本綱領にいう「ソーシャルワーカー」とは，本倫理綱領を遵守することを誓約し，ソーシャルワークに携わる者をさす。

注3．本綱領にいう「クライエント」とは，「ソーシャルワーク専門職のグローバル定義」に照らし，ソーシャルワーカーに支援を求める人々，ソーシャルワークが必要な人々および変革や開発，結束の必要な社会に含まれるすべての人々をさす。

あとがき

　プロローグでも触れたように，前回の社会福祉士・精神保健福祉士の抜本的なカリキュラム改正が行われた2009（平成21）年以降，日本国内はもちろん世界各国・地域で，人間関係や人と環境の関係性に不具合が起き，これまでの社会の枠組みや制度では対応しきれない状況となっている。まさしく，人間関係や人と環境の関係性の調整や課題解決に有用であるソーシャルワークの出番である。ソーシャルワークの専門職やソーシャルワーカーを目指す学生には，立ち止まったり歩んだりしながら，「ソーシャルワーク専門職のグローバル定義」と照らし合わせ，自分自身に何ができるのか模索・検討し，実践を続けてもらいたい。

　より複層的かつ多様な課題への支援や援助のできるソーシャルワークを必要とする時代の要請に応えるために，保育士や社会福祉士・精神保健福祉士を志す学生にとってできるだけわかりやすく役に立つテキストを作成することを目指した。本書が，日本国内や世界の人々が直面する課題や山積する問題に立ち向かうソーシャルワーカーや，ソーシャルワーカーを目指す学生へのヒントや助けとなれば幸いである。

　刊行にあたり，杉本敏夫先生（関西福祉科学大学名誉教授）に監修していただいた。さらには，ソーシャルワークに関する課題や問題について研究されている先生や職務経験が豊富な先生方にも執筆者に加わっていただいた。社会福祉士や精神保健福祉士等のカリキュラム改正や新制度の動向等を見ながら構成していったこともあり，執筆者の先生方にも無理なお願いをすることもあったが，快く応えていただき感謝している。

　2022年9月

編者一同

さくいん

（＊は人名）

監修者紹介

杉本　敏夫（すぎもと・としお）

　現　在　関西福祉科学大学名誉教授
　主　著　『新社会福祉方法原論』（共著）ミネルヴァ書房，1996年
　　　　　『高齢者福祉とソーシャルワーク』（監訳）晃洋書房，2012年
　　　　　『社会福祉概論（第3版）』（共編著）勁草書房，2014年

執筆者紹介 （執筆順，＊印は編者）

たちばな　なお き
＊立花　直樹（プロローグ）
　編著者紹介参照

まえ だ　よしひろ
前田　佳宏（第1章）
　東日本国際大学健康福祉学部准教授

つく も　あや こ
＊九十九　綾子（第2章）
　編著者紹介参照

ら　　か
羅　　佳（第3章）
　同朋大学社会福祉学部准教授

や か べ　よういち
矢ヶ部　陽一（第4章）
　西九州大学短期大学講師

た なか　ひでかず
田中　秀和（第5章）
　日本文理大学経営経済学部准教授

まつひさ　そうへい
松久　宗丙（第6章）
　船戸クリニック天音の里施設長

お ぐち　まさのり
＊小口　将典（第7章，エピローグ）
　編著者紹介参照

た しま　のぞみ
田島　望（第8章）
　九州看護福祉大学看護福祉学部専任講師

き むら　じゅんや
木村　淳也（第9章）
　会津大学短期大学部准教授

くみ た　ち か こ
＊汲田　千賀子（第10章）
　編著者紹介参照

なか た　まさ み
中田　雅美（第11章）
　中京大学現代社会学部准教授

うしじま　とよひろ
牛島　豊広（第12章）
　周南公立大学福祉情報学部准教授

たけした　とおる
＊竹下　徹（第13章）
　編著者紹介参照

ふく だ　ひろ と
福田　洋人（第14章）
　山口県立総合医療センター事務部医事課主任

編著者紹介

立花　直樹（たちばな・なおき）
　　現　在　関西学院聖和短期大学准教授
　　主　著　『社会福祉──原理と政策』（共編著）ミネルヴァ書房，2021年
　　　　　　『保育・幼児教育・子ども家庭福祉辞典』（共編著）ミネルヴァ書房，2021年

小口　将典（おぐち・まさのり）
　　現　在　関西福祉科学大学社会福祉学部准教授
　　主　著　『子どもと家庭を支える保育──ソーシャルワークの視点から』（共編著）ミネルヴァ書房，2019年
　　　　　　『ソーシャルワーク論──理論と方法の基礎』（共編著）ミネルヴァ書房，2021年

竹下　徹（たけした・とおる）
　　現　在　周南公立大学福祉情報学部准教授
　　主　著　『社会福祉──原理と政策』（共著）ミネルヴァ書房，2021年
　　　　　　『ソーシャルワーク論──理論と方法の基礎』（共著）ミネルヴァ書房，2021年

九十九　綾子（つくも・あやこ）
　　現　在　神戸学院大学総合リハビリテーション学部准教授
　　主　著　『ソーシャルワークの方法とスキル』（共訳）みらい，2016年
　　　　　　『相談援助実習──養成校と実習先との連携のために』（共編著）電気書院，2016年

汲田　千賀子（くみた・ちかこ）
　　現　在　同朋大学社会福祉学部准教授
　　主　著　『認知症ケアのデリバリースーパービジョン──デンマークにおける導入と展開から』（単著）中央法規出版，2016年
　　　　　　『高齢者ケアにおけるスーパービジョン実践』（共編著）ワールドプランニング，2019年

最新・はじめて学ぶ社会福祉⑦

ソーシャルワークの基盤と専門職Ⅰ（基礎）

2022年9月20日　初版第1刷発行　　　　　　　　〈検印省略〉

定価はカバーに
表示しています

監 修 者	杉 本 敏 夫
編 著 者	立 花 直 樹
	小 口 将 典
	竹 下 徹
	九 十 九 綾 子
	汲 田 千 賀 子
発 行 者	杉 田 啓 三
印 刷 者	坂 本 喜 杏

発行所　株式会社　ミネルヴァ書房
607-8494　京都市山科区日ノ岡堤谷町1
電話代表　（075）581-5191
振替口座　01020-0-8076

ISBN 978-4-623-09457-8

Printed in Japan

杉本敏夫　監修

———— 最新・はじめて学ぶ社会福祉 ————

全23巻予定／Ａ５判　並製

順次刊行，●数字は既刊

———— ミネルヴァ書房 ————

https://www.minervashobo.co.jp/